Carsten Bothe

DIE HAUSSCHLACHTUNG

Wurst, Schinken, Braten, Sülze

Land & WERKEN

HEEL

HEEL Verlag GmbH
Gut Pottscheidt
53639 Königswinter
Tel.: 02223 9230-0
Fax: 02223 9230-13
info@heel-verlag.de
www.heel-verlag.de

4. Auflage 2022

Autor: Carsten Bothe
Satz und Gestaltung: gb-s Mediendesign, Königswinter
Coverdesign: Ralph Handmann, Bonn
Lektorat: Ulrike Reihn-Hamburger

Fotos: Archiv des Autors
Mit Ausnahme von:
© Jens Kollmorgen: S. 166/167, 168/169, 173/174, (U4 u)
© picture alliance: akg-images (S. 9), ZB (S. 12/13, S. 29 or, S. 47), dpa (S. 61, S. 104)
© StockFood: kleine Holthaus, Thorsten (S. 163, U4 M), Castilho, Rua (S. 203)
© Fotolia.de: byrdyak (S. 22), normankrauss (S. 25), franky10 (S. 31 o), PRILL Mediendesign (S. 31 u), ZIHE (S. 33), 135pixels (S. 56), pilipphoto (S. 70), la_vanda (S. 82), PhotoSG (S. 90), Artem Merzlenko (S. 116), Brent Hofacker (S. 126), Punto Studio Foto (S. 134), HLPhoto (S. 150, S. 158, U4 o), Printemps (S. 153), Thomas Francois (S. 155), shaiith (S. 179),
Coverbilder: fotolia.com/photocrew (U1 o), April D. (U1 u)

Printed in Czech Republic

ISBN 978-3-86852-685-1

Inhalt

Vorwort

Liebe Leser und Hobby-Metzger,

nach jedem Fleischskandal wenden sich mehr Menschen von der industriell erzeugten Wurst ab und versuchen selbst zu wursten. Das Internet bietet tausende Rezepte und Anleitungen, aber die letzten, entscheidenden Tricks und Kniffe werden nirgends verraten. Auch gibt es zu den wichtigsten Maschinen – dem Wurstfüller, dem Fleischwolf und der Dosenverschlussmaschine – keine Gebrauchsanleitungen mit Anmerkungen zur Fehlerbehebung.

In diesem Buch halte ich es wie immer, die umfangreichen rechtlichen Betrachtungen bleiben außen vor! Wenn Sie Ihre Dosen nicht zubekommen, weil Sie nicht wissen, wie die Maschine funktioniert, dann hilft Ihnen das Wissen über die rechtliche Zulässigkeit eines verchromten oder nur gefärbten Gerätes nicht weiter.

Bei diesem Buch handelt es sich um ein Lehrbuch, das Sie in das Thema einführt und die notwendigen örtlichen Begebenheiten, Geräte, Zutaten und Fleischarten vorstellt. Dabei erkläre ich das Schlachten und Zerlegen, die einzelnen Fleischarten und deren Weiterverarbeitung. Ein kurzer Teil mit Rezepten schließt sich an. Bei den Rezepten habe ich mich bewusst nicht auf das „Höher! – Schneller! – Weiter!" der Internetseiten eingelassen, die dutzende, wenn nicht gar hunderte Rezepte anbieten, aber nur unzureichend beschreiben, wie eine Mettwurst im Detail hergestellt wird, was man falsch machen kann, wie es richtig geht und wie man Fehler frühzeitig erkennt und beseitigt, solange es noch möglich ist. Bei vielen Rezepten steht nur „Wurst abbinden", aber wie das genau geht und warum das so wichtig ist, steht dort nicht. Das scheint dem Wissen der alten Hausschlachter vorbehalten zu sein, die es langsam mit ins Grab nehmen. Schade drum. Ich hoffe, mit diesem Buch große Teile dieses Wissens dem Untergang und dem Vergessen entrissen zu haben.

In diesem Buch lernen Sie eine Bratwurst, eine Mettwurst, eine Leberwurst, eine Knackwurst sowie eine Rotwurst herzustellen, mit allen dafür nötigen Tricks und Kniffen. Außerdem zeige ich Ihnen, wie Sie aus Schinken und Schweinebäuchen geräucherten Schinken und Speck machen. Wenn Sie das können, dann haben Sie viel erreicht, denn nicht ohne Grund ist das Schlachterhandwerk ein Lehrberuf. Wenn diese einfachen, aber im Geschmack klaren und ehrlichen Wurstsorten nicht Ihrem Gaumen entsprechen, dann wissen Sie nach der Lektüre auch, wie Sie so variieren können, dass es Ihnen schmeckt. Würste haben regional völlig andere Aromen, das kann und will ich in diesem Buch aber nicht abbilden, denn das würde den Rahmen bei Weitem sprengen.
Ganz gleich, ob Sie ein paar Pfund Bratwurst machen, einen Schinken oder eine Salami, oder ob Sie sich an das Verwursten eines fünf-Zentner-Schweins wagen, in diesem Buch steht alles, was Sie wissen müssen, und noch mehr. Mit etwas handwerklichem Geschick sollte es Ihnen möglich sein, damit zu leckeren Erfolgen zu gelangen.

In diesem Sinne wünsche ich Ihnen immer scharfe Messer!

Herzlichst, Ihr
Carsten Bothe

Kapitel 1

So war es früher

Der traditionelle Ablauf des Schlachtens

Früher hat man vom Schwein
bis auf das Quieken alles gegessen.

Schlachten nur in den Monaten mit „r".

Früher wurde ein Schlachttermin bereits weit im Vorfeld festgelegt. Oftmals orientierte man sich dabei an den christlichen Feiertagen: Totensonntag, Volkstrauertag oder Buß- und Bettag waren ohnehin tabu und am 3. November war Hubertus-Jagd. Ab Februar ist es eigentlich schon fast zu spät, weil dann die Schinken und Mettwürste nicht mehr rechtzeitig zur Spargelsaison fertig werden, und im Sommer ist es dann zu warm. Eigentlich schlachtete man nur in den Monaten mit „r". Der Hausschlachter organisierte die Termine und die einzelnen Familien bekamen immer den gleichen Tag. Um diese Termine gruppierten sich auch die anderen Veranstaltungen, wie die winterliche Treibjagd, die Versammlung der Zuckerrüben-Aktionäre, die Generalversammlung der Viehversicherung auf Gegenseitigkeit oder die Weihnachtsfeier der Freiwilligen Feuerwehr. Da konnte man sich nicht einfach einen Termin ausdenken, das hätte das fein austarierte Termingefüge des ganzen Dorfes durcheinander gebracht.

Die Werkzeuge wurden vom einen zum anderen weitergegeben.

Da nicht jeder Haushalt über die notwendigen Utensilien und Werkzeuge verfügte, konnten auch nicht zwei Familien gleichzeitig schlachten, abgesehen davon, dass es auch nur einen Hausschlachter gab, dessen Wurst man natürlich am liebsten aß. Die Werkzeuge wurden vom einen zum anderen weitergegeben. Rechtzeitig vorher wurden die notwendigen Verbrauchsmaterialien beschafft: Wurstbänder, Därme, Dosendeckel, Einweckringe, Salz, Gewürze, Zwiebeln, Reinigungsmittel, Räuchermehl, Schnaps, Scheuerpulver, etc. Die Kinder mussten vom Kolonialwarenhändler „Pfeffer für einen Groschen" holen, auf einem Teller, der mit einem Suppenteller zugedeckt wurde, damit kein Windstoß den Pfeffer wegblies. An den Tagen vor dem anberaumten Termin wurden die Dosen abgeschnitten und für die neue Befüllung vorbereitet, Feuerholz bereitgelegt, die Mollen und Wannen geschrubbt. Am Tag vor dem Schlachttag wurden die Zwiebeln geschält und vorgekocht, ein Kuchen für das Frühstück gebacken und noch mal alles überprüft. Am Schlachttag war keine Zeit, irgendetwas zu suchen oder Holz zu hacken.

Pieter Brueghel der Jüngere, „Schweineschlachten" (Allegorie des Herbstes), nach 1616.

Ein wichtiger Bestandteil des Schlachttages war der Schnaps. Manchmal kann man den Eindruck gewinnen, Alkoholismus gehörte früher bei Hausschlachtern noch zum guten Ton. Aber wenn man die eher karge Lebensführung und den einfachen Speiseplan der bäuerlichen Bevölkerung bedenkt, dann gehört ein Schnaps mehr als sonst zu einem fetten Essen einfach dazu. Es ist ja schließlich kein Schlacht-„Arbeitstreffen", sondern ein Schlacht-„Fest". Nach wochenlangen Entbehrungen und fleischarmen Gerichten mal so richtig aus den Vollen zu schöpfen, das war wirklich ein Fest. Dass das bei so manchem Hausschlachter, der diese Veranstaltung ja im Winter drei- oder viermal in der Woche, manchmal auch noch öfter, mitmachte, gerne mal außer Kontrolle geriet, muss hier nicht weiter erwähnt werden.

Es ist ja schließlich kein Schlacht-„Arbeitstreffen", sondern ein Schlacht-„Fest".

Reime zum Schlachten

Steht das Schwein noch in seinem Koben,
wird erstmal einer gehoben.
Wenn das Schwein ums Eckchen lugt,
wird erstmal einer aufgehuckt.
Ist erst mal der Strick am Bein,
schenkt man schon den nächsten ein.
Ist das Schwein geschossen,
wird einer eingegossen.
Ist die Sau trotzdem am Leben,
kann man dennoch einen heben.
Liegt das Schwein dann tot am Boden,
wird der nächste schon gehoben.
Wenn die Sau im Troge ruht,
tut auch schon der nächste gut.
Und auch dann beim Haaren,
soll man mit Schnaps nicht sparen.
Ist das Schweinchen hakenrein,
muß erst mal getrunken sein.
Wenn das Schwein am Haken hängt,
wird erst mal einer eingeschenkt.
Wird das Kesselfleisch geschnitten,
haben die Schnäpse schon gelitten.
Nach dem fetten Fleischgenuss
braucht man Schnaps, sonst gibts Verdruss.
Der Kessel dampft, die Wurst ist gar,
da schmeckt ein Schnaps ganz wunderbar.
Zum Nachtisch trinkt man gern den Rest,
der noch übrig ist vom Fest.

Eigentlich sind wir ja nicht abergläubisch, aber nach jedem siebten Ring Mettwurst soll man einen Schnaps trinken, sonst wird die Wurst schlecht.

Das eigene Schwein

Viele Familien hatten nach dem Krieg ein oder zwei Schweine im Stall hinter ihrem Haus, andere ließen sich ein Schwein vom Landwirt vor Ort mästen. Heutzutage beschränkt sich das „Schlachten" auf den Kauf von Schweinehälften, denn kaum jemand hält noch selbst Schweine oder hat die (rechtliche) Möglichkeit, auf dem eigenen Hof zu schlachten, also das Tier selbst zu töten.

Am Tag vor dem Schlachttag bekommt das Schwein nur noch Milch oder Wasser, damit sich die Därme leichter reinigen lassen. Am Morgen kommt dann der Schlachter und das Schwein wird aus dem Stall geführt. Dann bekommt es um den linken Hinterlauf ein Seil gelegt, das dafür sorgt, dass das Schwein nach dem Schuss auf die rechte Seite fällt und nicht bis nach vorne in die Blutschüssel schlagen kann. Dazu muss ein Helfer das Seil stramm halten und das Bein nach hinten ziehen. Die Schläge mit dem Hinterlauf sind äußerst gefährlich und daher ist es wichtig, hier nicht den schwächsten Helfer auszuwählen. Es kann auch hilfreich sein, den Strick durch einen Ring am Boden zu führen.

In vielen alten Bauernhäusern gibt es einen Ring im Hof, von dem heute niemand mehr weiß, wofür er nütze ist – ganz einfach: Um das Schwein beim Schlachten mit dem Hinterlauf festzubinden.

Dieser Ring in vielen alten Höfen dient dem Fixieren des Hinterlaufs.

Wenn das Schwein
am fettesten ist,
hat es den Metzger
am meisten zu fürchten.
(Abraham a Santa Clara)

Ein kluger Mann verehrt das Schwein,
er denkt an dessen Zweck,
von außen ist es ja nicht fein,
doch drinnen sitzt der Speck
(Wilhelm Busch)

Morgen kann unser Fritz nicht zur Schule kommen,
die Sau wird geschlachtet!
(Entschuldigungsschreiben der Eltern für den Sohn in der Schule)

Brühe austragen

Die Kinder des Hofes trugen die Schlachtbrühe in Milchkannen aus.

Früher wurde nach und nach bei allen Familien des Dorfes geschlachtet, da der Hausschlachter ja immer nur auf einem Hof sein konnte. Die Nachbarschaft bekam dann jede Woche frische Schlachtbrühe. Für das Austragen waren die Kinder des Hofs zuständig, die das auch gerne machten, denn bei jeder Familie, die sie mit ihrer Milchkanne ansteuerten, bekamen sie eine Süßigkeit. Teilen war das Wichtigste in der dörflichen Gemeinschaft. Wer schlachtete, der hatte mehr Fleisch und Wurstbrühe als er verbrauchen konnte, bevor es schlecht wurde. Also gab man reichlich an die Nachbarn und wenn diese schlachteten, bekam man wieder etwas zurück. Üblicherweise wurde die Brühe, die nach dem Wurstkochen übrig blieb – um die 100 Liter – von den Kindern in Milchkannen zu den Nachbarn gebracht. Wenn man es gut meinte, dann kam noch ein Stück Kesselfleisch – Steeke – dazu sowie eine kleine Knackwurst und etwas Gehacktes (Mett).

Auch heute tragen die Kinder noch gerne Brühe aus!

Scherz und Schabernack

Die Kinder wurden beim Schlachttag auch gerne mal reingelegt. Beliebt waren völlig sinnlose Aufgaben, wie den Magen auszutreten. Dabei sollten die Kinder den Schweinemagen im Schnee sauber austreten. Sie sprangen dann lange Zeit auf dem Magen herum, nur um jedes Mal zu hören, dass sie es noch nicht richtig gemacht hatten und der Magen noch weiter ausgetreten werden müsse. Irgendwann war es dann in Ordnung, was meist mit den Worten quittiert wurde: „Das reicht, schmeiß den Magen auf den Mist, den brauchen wir eh nicht".

Die Kinder, die schon einmal einen Magen ausgetreten hatten, konnten mit so etwas natürlich nicht mehr beschäftigt werden. Sie wurden daher gerne zum Nachbarn geschickt, um wichtige Maschinen zu holen. Beliebt waren beispielsweise der „Kümmelspalter", „Speckhobel" oder die „Sülzenpresse". Werkzeuge, die nur in der Fantasie existieren, aber für den weiteren Fortgang des Schlachttages als existentiell wichtig dargestellt wurden. So kamen die Kinder also zum ersten Nachbarn, der den „Kümmelspalter" leider gerade verliehen, aber noch nicht zurückerhalten hatte. Und wie es der Zufall so will, lag der natürlich gerade auf dem Hof, der am weitesten entfernt war. So wurden die Kinder durch das Dorf geschickt und irgendwo bekamen sie dann eine große Kiste oder einen schweren Sack, gefüllt mit Metallschrott, der schön schwer und unförmig und möglichst schlecht zu tragen war. Wenn die Kinder dann mit dem Sack ankamen, wurde unter dem allgemeinen Gelächter der Sack geöffnet: „Die haben Euch ganz schön angeschmiert, das ist ja gar kein Kümmelspalter. Na ja, dann nehmen wir den Kümmel eben ganz!"

Beliebt waren beispielsweise der „Kümmelspalter", „Speckhobel" oder die „Sülzenpresse".

Beim Blutwurstmachen musste beim Rühren immer ein Kind die Schlachtmolle halten, aber weniger damit sich die Molle nicht bewegt, sondern vielmehr damit er die Hände nicht frei hatte, wenn ihm der Schlachter mit einer schnellen Bewegung mit der roten Hand ins Gesicht fasste.

Früher wurde die Schweineblase häufig aufgeblasen und zugebunden, damit die Kinder mit ihr spielen konnten. Auch wurde diese zum

Füllen mit Mettwurst gebraucht, jedoch ist die Blase sehr groß und die Wurst muss schon optimal reifen, um nicht schlecht und hohl zu werden. Gerne wurden Blasen auch auf Drahtgestelle gespannt und getrocknet, um sie mit einem Band und Stöckchen versehen als Laternen zum Martinsumzug zu verwenden.

Traditionell wurde der Schwanz irgendwo an die Scheunentür genagelt und blieb so lange dort hängen, bis die Hunde sich erbarmten. Oder er wurde mit den Ohren, Pfoten und anderen knochigen Teilen gepökelt. Besonders beliebt war es aber, eine Sicherheitsnadel wie einen Haken aufzubiegen und diese mit einem Band an dem Schwanz zu befestigen. Die Kinder, die die Brühe austrugen, hatten dann die Aufgabe, diesen Schwanz mit Hilfe der Sicherheitsnadel Passanten – vorzugsweise dem Pfarrer oder Lehrer – hinten an die Jacke zu hängen, ohne dass dieser das bemerkte. Leider sind die Schweine heutzutage fast alle kupiert, sodass sich das Ringelschwänzchen nicht mehr dazu eignet.

Der Ringelschwanz hing an der Scheunentür oder er wurde dem Nachbarn unbemerkt hinten an die Jacke gehängt.

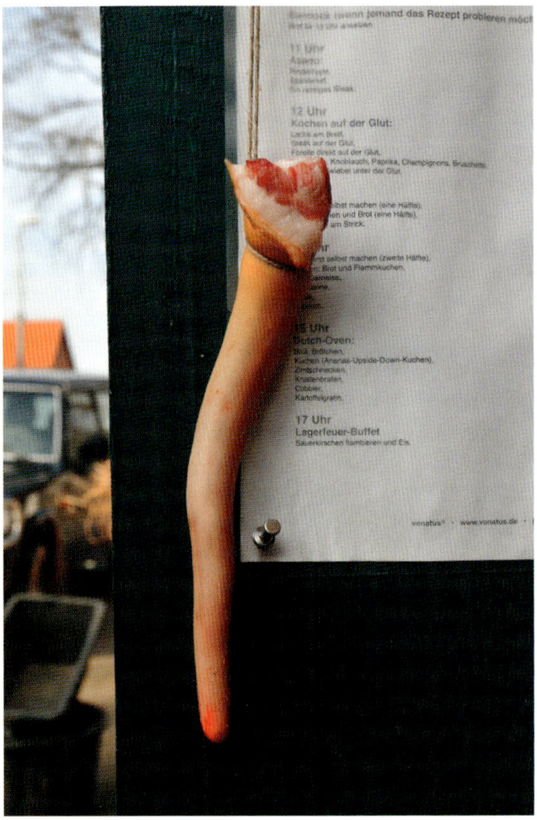

Schweineversicherung auf Gegenseitigkeit

Wie an verschiedenen Stellen im Buch schon angesprochen, war das selbstgemästete Hausschwein über viele Jahrhunderte eine Notwendigkeit in den ländlichen Haushalten. Um das Jahr 1875 gründeten sich erste Versicherungsvereine, in denen man auf Gegenseitigkeit die Schweine gegen plötzlichen Tot oder seuchenrechtliche Tötung versichern konnte. Die Vereinsmitglieder bezahlten einen bestimmten Betrag pro Schwein – in den 1960er Jahren meist um die 50 Pfennig – und bekamen dann im Schadensfall 90 % des aktuellen Schweinepreises ersetzt. In einigen Gegenden Deutschlands bestehen diese Vereine noch heute, obwohl keine oder nur noch wenige Schweine privat gemästet werden. Daraus entwickelten sich vielmehr Geselligkeitsvereine, die die Tradition der Vereinsversammlung mit Schlachtessen beibehalten haben.

Um das Jahr 1875 gründeten sich erste Versicherungsvereine.

Mikroskop zur Trichinenschau

Kapitel 2

Grundsätzliches vorweg

Die Einteilung der Schweine in Klassen

Nimmt der Bauer Gelder ein,
stammt jede vierte Mark vom Schwein.
(AID-Heft von 1956)

Das System geht nach der Buchstabenkombination SEUROP.

Schweine – wie alle Schlachttiere – werden für den Handel in verschiedene Klassen eingeteilt, die Sie kennen müssen, um nicht für Ihre Zwecke ungeeignete Arten einzukaufen. Das System geht nach der Buchstabenkombination SEUROP. Einfach gesagt: Je mehr Muskelfleisch, desto weniger Fett. Für die Hausschlachtung ist für die Wurstherstellung natürlich mehr Fett wünschenswert. Es handelt sich dabei aber keinesfalls um schlechtere Qualität, denn für den Schlachter, der mageres Fleisch als Braten verkaufen will, ist ein hoher Muskelfleischanteil wichtig.

S	**Muskelfleischanteil über 60 %**
E	**Muskelfleischanteil über 55 %, jedoch unter 60 %**
U	**Muskelfleischanteil über 50 %, jedoch unter 55 %**
R	**Muskelfleischanteil über 45 %, jedoch unter 50 %**
O	**Muskelfleischanteil über 40 %, jedoch unter 45 %**
P	**Muskelfleischanteil weniger als 40 %**
M	**Schlachtkörper von Sauen**
V	**Schlachtkörper von zur Zucht verwendeten Ebern und Altschneidern (ausgewachsene Eber, die erst nach der Pubertät und mindestens acht Wochen vor der Schlachtung kastriert wurden, um den Ebergeruch zu verlieren)**

Für die Industrie wird das Fleisch etwas anders eingeteilt, sodass Teilstücke mit einer definierten Eigenschaft in großen Mengen erworben werden können, das ist aber für die Hausschlachterei nicht von Bedeutung.

Die Fleischsorten werden auch nach Qualität unterschieden, wobei die folgenden Qualitäten nicht oder nur bedingt für die Wursterei geeignet sind. Diese Qualitätsmerkmale sind aber nicht gesundheitlich bedenklich. Ungenießbares Fleisch wird schon im Schlachthof verworfen und kommt nicht mehr in den Handel, wie das früher bei den Freibanken der Fall war. Da ist zunächst das PSE-Fleisch zu nennen. Die Bezeichnung kommt von blass (pale), weich (soft) und wässrig (exudative), und genau so sieht das Fleisch auch aus. Es ist zwar zum menschlichen Verzehr geeignet, aber die Haltbarkeit ist herabgesetzt. Es bindet weniger Wasser, schrumpft beim Kurzbraten und wird dann trocken und zäh. Daneben gibt es – allerdings nicht so häufig wie das PSE-Fleisch – das DFD-Fleisch. Es ist dunkel (dark), fest (firm) und trocken (dry) und für die Hausschlachterei eigentlich nicht geeignet. Davon abgesehen kommen diese mangelhaften Eigenschaften eher bei Rindern und nur sehr selten bei Hausschweinen vor.

PSE-Fleisch

DFD-Fleisch

Unterschied Wurstschwein und Bratenschwein

Die Anforderungen an das Fleisch für Wurst und Schinken und an das Fleisch für Braten sind so unterschiedlich, dass sich das mit einem einzelnen Schwein nicht realisieren lässt. Ein geeignetes Schwein für Mettwurst hat einmal Geburtstag gehabt und wiegt ausgeschlachtet noch wenigstens 150 kg. Ein normales Mastschwein für Braten wiegt ausgeschlachtet etwa 80 kg bis 90 kg und ist 21 Wochen alt. Das Bratenschwein hat mageres Fleisch, das wenig mit Fett durchzogen und relativ weich ist, noch nicht ausgewachsen eben. Die guten alten Hausschlachteschweine waren mit „fünf Zentnern" – 250 kg – echte Schwergewichte. Aber nicht nur das, sie hatten ausgewachsene Muskeln und eine dicke Speckschicht unter der Schwarte, die der Mettwurst erst das nötige Fett gab. Für diese Mastleistung sind die modernen Hybriden aber nicht gezüchtet, sondern dafür sind alte Rassen notwendig, die heutzutage nur noch von Liebhabern gehalten werden. Denn diese Schweine müssen ja auch verarbeitet und letztendlich gegessen werden. Wer mageres Fleisch haben möchte, der kommt mit einem solchen Wurstschwein nicht weiter. Ausgesprochene Wurstschweine sind nicht mehr leicht zu bekommen und im Groß-

Die Anforderungen an das Fleisch für Wurst und Schinken und an das Fleisch für Braten sind unterschiedlich.

handel schon gar nicht. Behelfen kann man sich mit Sauen, die schon geferkelt haben. Allerdings sind diese sehr mager, was aber durch den Zukauf von kernigem Rückenspeck ausgeglichen werden kann. Dieser Speck wird schon fertig abgeschwartet angeboten und ist die ideale Zugabe für Mettwurst. In den 1950er Jahren begann man die Schweinemast den Marktgegebenheiten anzupassen und Bratenschweine zu züchten, die mit 3,5 kg Futter 1 kg an Gewicht zugenommen haben. Bei der Gewichtsklasse über 150 kg Lebendgewicht wird für 1 kg Gewichtszunahme 5,5 kg Futter benötigt, was dafür sorgt, dass die Produktion von Speck deutlich teurer ist als die Produktion von Fleisch. Die geänderten Verbrauchergewohnheiten kamen und kommen den Bauern damit entgegen. Heutzutage nimmt ein Schwein in der Mast mit 3 kg Futter am Tag 1 kg zu. Nach 21 Wochen steigt der Futtereinsatz auf 4 kg für 1 kg Gewichtszunahme und ist damit unwirtschaftlich. Aber nicht nur das, die Mäster bekommen für einen zu hohen Fettanteil auch noch Abzüge.

Heutzutage nimmt ein Schwein in der Mast mit 3 kg Futter am Tag 1 kg zu.

Für den gelegentlichen Hausschlachter – besser gesagt Hobbywurster – ist ein vier-Zentner-Schwein leider auch keine wirtschaftlich sinnvolle Lösung. Das Schwein hat einfach zu viel Fett, das heute keiner mehr essen mag. Der Fleischanteil bei einem Schwein von 200 kg Lebendgewicht ist nicht viel größer als der eines 120-kg-Normschweins. Und Fett bleibt in Form von Schmalz und zu fettem Speck übrig. Ein Hausschlachteschwein ist somit teurer als notwendig. Von der gesteigerten Fleischqualität durch das höhere Alter einmal abgesehen.

Hier eine Rechnung:

Schwein lebend, 190 kg bei 1,20 Euro je kg Lebendgewicht	228 Euro
Zusatzkosten für Mehraufwand in der Haltung und Futter pauschal	50 Euro
Schlachten und Fleischbeschau	54 Euro
Gesamt:	332 Euro

Das Schlachtgewicht beträgt bei Schweinen 85 % des Lebendgewichts, somit kann man von 190 kg Lebendgewicht 161,5 kg Schlachtkörper gewinnen. Damit wiegt eine Hälfte 80,75 kg. Theoretisch, denn es fallen ja noch Sachen wie Flomen und Innereien an, die mitgewogen, aber selten verwertet werden.

Bei einem Normschwein kann man etwa mit 44–48 kg pro Hälfte rechnen (120 kg lebend, ausgeschlachtet etwa 102 kg), weil bei einer gekauften Hälfte die Innereien nicht mitgewogen und mitgegeben werden.

Bei einem Hausschlachteschwein mit dem erwiesenermaßen fetten Fleisch ist man nicht in der Lage, genug Leberwurst herzustellen, weil die Leber verglichen zu den Fleisch- und Fettanteilen zu klein ist. Sie müssen dann Leber zukaufen.

Ein guter Richtwert zum Wursten sind ein halbes Normschwein, ein Bauch extra, 2 kg Leber (eine Leber wiegt 1,5 kg oder etwas weniger) 3–4 kg Rückenspeck.

Heutzutage ist der Speck an einem Schwein nicht mehr gefragt und daher spottbillig.

Heutzutage ist der Speck an einem Schwein nicht mehr gefragt und daher spottbillig und in großen Mengen zu bekommen, anders als in der Zeit, als man auf Wurstschweine als Fettproduzenten angewiesen war. Sie sollten also das benötigte Fett einfach zukaufen.

Unterschied Warmfleisch und Kaltfleisch

Bei der Hausschlachtung gibt es zwei Möglichkeiten, das Fleisch zu verarbeiten, zum einen warm, also vom frisch geschlachteten Tier ohne Fleischreifung und zum anderen von Tieren, die bereits ein oder zwei Tage tot sind und bei denen die Fleischreifung schon stattgefunden hat. Für einige Wurstsorten ist die Verwendung von Warmfleisch notwendig, beispielsweise bei der Eichsfelder Stracke oder der Hessischen Ahlen Wurst. Die Warmfleischeigenschaften sind nur in den ersten drei Stunden nach dem Töten des Tieres vorhanden, bis dahin muss dem zerkleinerten Fleisch Salz zugegeben worden sein, um den weiteren Fleischreifeprozess zu unterbinden. Warmfleisch bezieht sich nicht auf die Temperatur des Fleisches, so kann man mit Fleisch, das zwei Tage vorher geschlachtet und heruntergekühlt wurde, nicht durch „Aufwärmen" Warmfleischeigenschaften herstellen. Bei Warmfleisch besteht ein hoher pH-Wert von 6,5 bis 7, in diesem Fleisch ist noch reichlich Muskelzucker (Glykogen) vorhanden, der bei der Wurst für einen schnelleren Eintritt der Reifung sorgt. Bei Kaltfleisch ist der pH-Wert bereits gesunken und liegt bei 5,2 bis 5,6. Das Glykogen ist abgebaut und man muss Zucker zusetzen. Bei den ersten Versuchen der Hausschlachtung sollten Sie sich aber nicht auf die Warmfleischverarbeitung stürzen, denn der Tierarzt muss das Fleisch vorher freigeben. Bei der Warmfleischverarbeitung kommt es wirklich auf jede Minute an. Die Alternative ist, sofort zu beginnen und dann ggfs. die Wurst zu verwerfen, das müssen Sie aber mit dem Tierarzt absprechen, der den Schlachtkörper in der Regel komplett sehen will.

Bei den ersten Versuchen der Hausschlachtung nicht auf die Warmfleischverarbeitung stürzen!

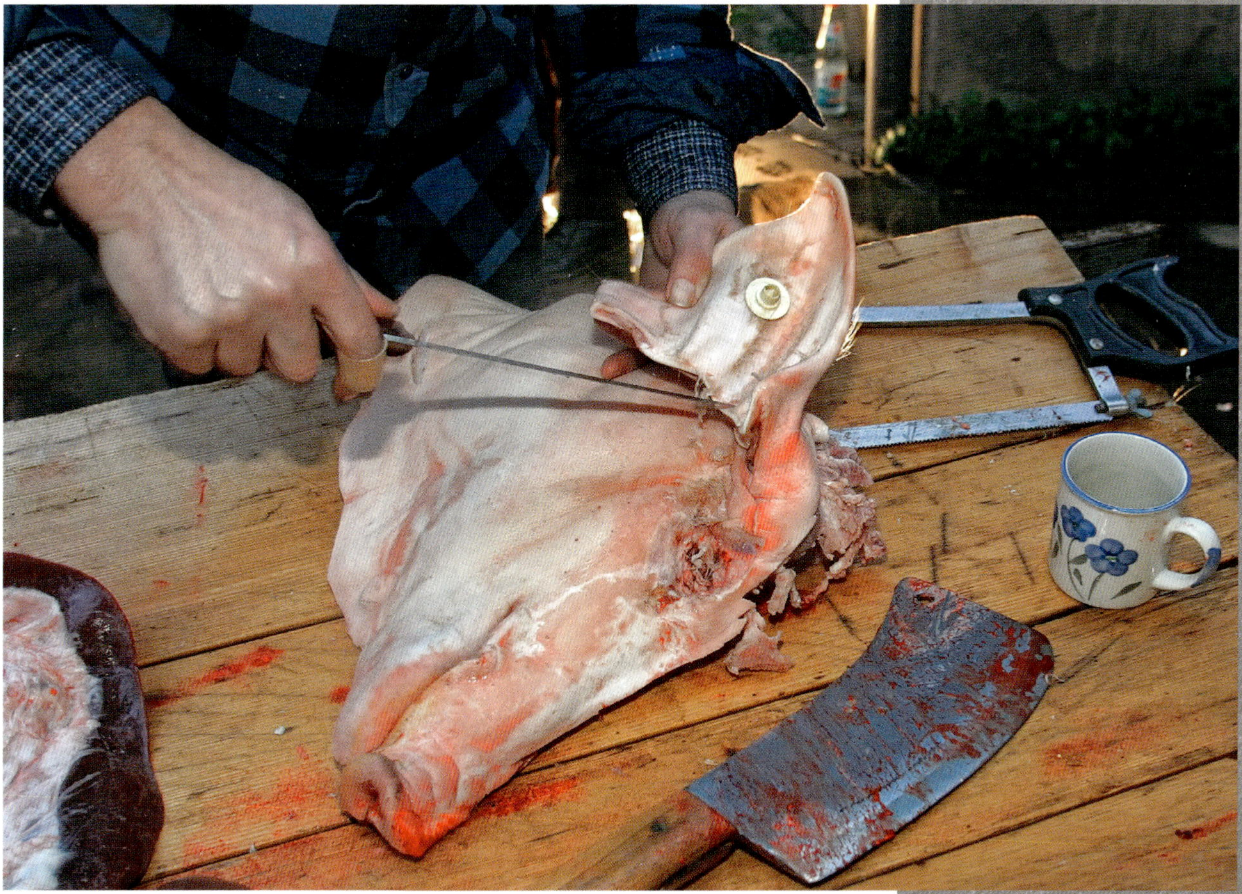

Kapitel 3

Ausstattung und Einrichtung

Schlachtutensilien

Wenn Sie das Schwein selbst schlachten möchten, benötigen Sie in Deutschland jede Menge Genehmigungen.

Wenn Sie das Schwein selbst in den Schweinehimmel befördern möchten, brauchen Sie einige Utensilien, die Sie natürlich getrost weglassen können, wenn Sie nur gekaufte Schweinehälften verarbeiten. Weiterhin benötigen Sie in Deutschland jede Menge Genehmigungen, die aber nicht Inhalt dieses Buches sind.

Bolzenschuss

Um ein Schwein zu schlachten brauchen Sie zunächst ein Bolzenschussgerät. Dabei handelt es sich um einen Apparat, bei dem mit Hilfe einer Platzpatrone ein Bolzen einige Zentimeter aus dem Ende herausgeschleudert und mit einer eingebauten Feder sofort wieder zurückgezogen wird. Dadurch wird verhindert, dass der Bolzen im Schädelknochen stecken bleibt und das Tier bei einer reflexartigen Bewegung mit dem Kopf dem Schlachter die Hand bricht. Heute werden Schweine fast ausschließlich mit Strom betäubt oder in großen Schlachthöfen auch mit CO_2.

Brennetrog/Brühtrog

Ein Trog, um das Schwein abzubrühen, ist für das Schlachten zwingend erforderlich. Leider gibt es diese Tröge kaum noch zu kaufen und die aus Holz sind inzwischen auch häufig dem Holzwurm zum Opfer gefallen. Umso wichtiger ist es, die noch vorhandenen Tröge in Ehren zu halten. Die modernen Schlachtereien, die noch selbst Schweine schlachten, haben keine Brennetröge mehr, sondern „Enthaarungsmaschinen", die für das gelegentliche Hausschlachten aber völlig übertrieben wären. Eine Möglichkeit ist, ein halbiertes Fass zu benutzen oder eine Gitterbox mit einem integrierten 800-Liter-Tank aufzuschneiden.

Schweineleiter und Schweinegalgen (Schwengel)

Je nach Ausstattung der Hausschlachterei und auch nach regionalen Gegebenheiten benötigte man einen Schwengel (Schweinegalgen), der zwischen die freigelegten Sehnen am Hinterlauf geschoben und dann an der Schweineleiter eingehängt wurde. Heute ist der Schwengel zugunsten von Schweinehaken und dem Frontlader verdrängt worden. Sparen Sie hieran nicht und kaufen Sie Haken, die mit bis zu 300 kg belastet werden können. Diese sind auch gleich größer und bieten einen besseren Griff. Noch besser sind drehbare Haken.

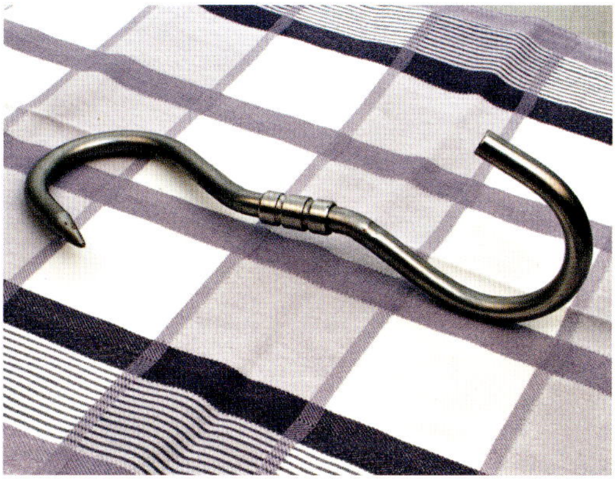

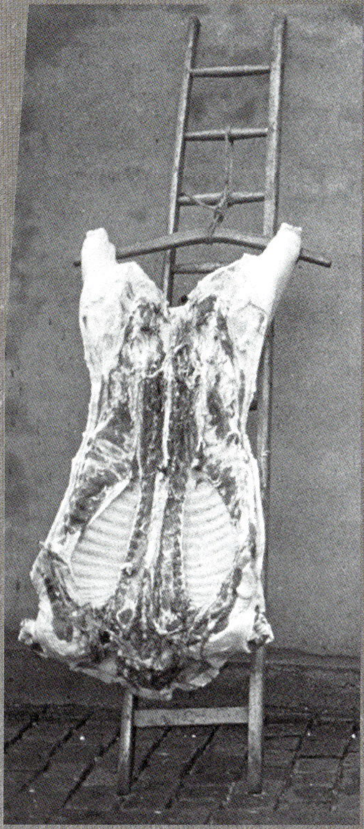

Schweinegalgen und Schweineleiter im Einsatz

Aufzug

Ein totes Schwein ist von einem Mann alleine nicht mehr zu bewegen, da ist es notwendig, eine irgendwie geartete Form von Aufzug zur Verfügung zu haben. Entweder eine Seilwinde an der Decke der Scheune oder ein Trecker mit Frontlader. Früher wurde das Schwein auf eine Leiter gelegt und mit vielen Männern an der Wand schräg aufgestellt. Das funktioniert heute noch genauso gut, wenn denn Männer da sind, die mit anpacken können. Ein Frontlader hat den Vorteil, dass das Schwein sich nicht drehen kann, wie das an einer Winde der Fall ist. Auf jeden Fall sollten Sie sich vorher über den genauen Ablauf Gedanken machen, denn wenn das Schwein erst im Trog liegt, ist guter Rat teuer.

Werkzeuge zum Enthaaren und Aufbrechen

Um die Borsten vom Schwein zu lösen legen Sie eine Kette in den Brühtrog, bevor das Schwein hineinkommt. Dann wird das Brühwasser (62 °C) über das Schwein gegossen und die Kette unter dem Schwein hin- und hergezogen. Dabei lösen sich die meisten Haare. Die Haare, die nicht mit der Kette entfernt wurden, rasiert man mit der Schabglocke, die Klauen zieht man dann mit dem Haken am anderen Ende der Schabglocke.

Um das Schwein zu rasieren und die letzten Borstenreste zu entfernen, ist ein Schragen – ein Tisch aus Stangen – gut geeignet. Wer das nicht hat, der kann auch eine normale Leiter auf zwei Malerböcke legen, aber die sollten schon sehr stabil sein, denn ein Schwein hat richtig Gewicht, das muss beim ersten Mal klappen.

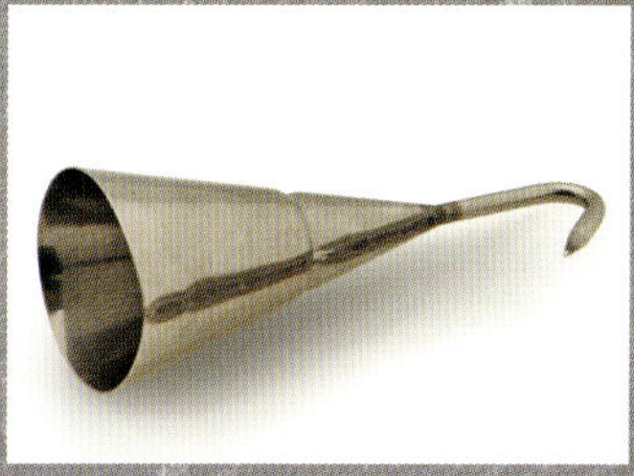

Schabglocke aus Edelstahl

Die Wurstküche

Die Ausstattung der Wurstküche

Für das gelegentliche Hausschlachten sind Jäger mit einer vernünftig ausgestatteten Wildkammer natürlich auf der richtigen Seite. Als ambitionierter Laie werden Sie die Wurstküche sicherlich nicht jeden Tag des Jahres nutzen, sondern nur ab und zu. Das heißt aber auch, dass Sie dafür keinen kompletten Raum einrichten können. Eine ordentliche Waschküche – heute Hauswirtschaftsraum genannt – ist zumindest am Boden gefliest und besitzt meist einen Bodenablauf. Noch besser ist es, wenn der Raum zumindest halbhoch gefliest und die Decke hell und abwaschbar gestrichen ist und nichts abblättert. Die Decke sollte ebenfalls abwaschbar sein, denn beim Füllen des Wurstfüllers kommt es aus eigener Erfahrung oft vor, dass von dem mit Schwung in den Behälter geschleuderten Mett etwas bis an die Decke spritzt. Ein Waschbecken für die Hände und ein weiteres für die Töpfe – also extra tief und groß – ergänzen die Ausstattung. Was dann noch an Heizquellen zur Verfügung steht, ist dem Geschmack und den finanziellen Möglichkeiten des Besitzers vorbehalten.

Der Raum sollte zumindest halbhoch gefliest sein.

Die Einrichtung einer Wurstküche

Um eine ordentliche Wurstküche einzurichten, braucht man nicht viel mehr als in einer normalen Haushaltsküche ohnehin schon vorhanden ist. Bei der Wurstküche muss man unterscheiden, ob man das Schwein selbst schlachtet oder halbe Schweine kauft und diese nur weiterverarbeitet.

Fangen wir mit dem Einfachsten an: Schinken machen. Zum Schinkenpökeln braucht man nur ein Gefäß, das den Schinken aufnimmt, Salz und Gewürze. Die Schweine-Unterschalen aus dem Großmarkt sind ein erster Schritt und wiegen etwa 2 ½ kg, zwei Stück davon passen problemlos in einem Kühlschrank in die Gemüsefächer. Ein scharfes Messer und ein Stück Schnur wird sich bestimmt noch finden und die Gewürze kann man für diese kleinen Mengen schon gemahlen kaufen und dann mischen.

Man braucht nicht viel mehr, als in einer normalen Haushaltsküche ohnehin schon vorhanden ist.

Soll der Schinken nicht luftgetrocknet, sondern geräuchert werden, benötigt man einen Räucherschrank zum Kalträuchern. Aber auch der lässt sich auf einem Balkon unterbringen und ein Räucherschrank raucht nicht mehr als eine Zigarette. Mit anderen Worten: Man kann sofort mit dem Schinkenpökeln anfangen, wenn man eine normale Haushaltsküche zur Verfügung hat.

Blechtisch mit Schneidebrettern

Sobald Sie mehr als zehn Kilogramm Fleisch verarbeiten, kommen Sie mit den normalen Haushaltsutensilien schnell an Kapazitätsgrenzen. Die alten Holztische sollten ausgedient haben, denn was noch gebraucht vorhanden ist, ist schon lange wurmstichig und auch viel zu tief. Ein ordentlicher Metalltisch – möglichst mit eingelegten Schneidebrettern und für Normalgewachsene 85 bis 90 cm hoch – ist gebraucht billig zu erstehen und hält ein Leben lang. Er bietet auch den Platz, um Würste auf dem Tisch abzulegen und Fleisch zu schneiden. Damit die Würste nicht vom Tisch rutschen, wenn man alleine arbeitet, ist eine Aufkantung –also eine Wand von zehn Zentimetern – an drei Seiten praktisch.

Der ideale Arbeitsplatz

Brühkessel

Die Größe des Brühkessels ist davon abhängig, was man vorhat. Für einige Gläser Leberwurst oder Mett reicht ein Einkochautomat, für ein ganzes Schwein sind 80 Liter Kesselinhalt nicht zu wenig, und wer das Schwein auch schlachten und brühen will, der ist mit einem 200-Liter-Kessel gut bedient. Waren Waschkessel in der Mitte des 20. Jahrhunderts noch sehr

weit verbreitet, wurden sie mit dem Aufkommen der Waschmaschinen überall wieder herausgerissen. Gebraucht kann man aber noch das eine oder andere Stück erwerben. Ich nutze mit besten Ergebnissen meine Feldküche, die noch dazu den Vorteil hat, dass man die Schlachtebrühe über den Auslaufhahn abzapfen kann. Weiterhin ist die Feldküche mit einem leistungsfähigen Gasbrenner ausgerüstet, sodass die Person, die ansonsten für die Befeuerung des Schlachtekessels zuständig ist, eingespart werden kann. Sobald die Feldküche die richtige Betriebstemperatur erreicht hat, reicht die Pilotflamme des Brenners fast aus, um die Temperatur zu halten. Der doppelwandige Kessel mit dem Öl in der Zwischenschicht hält die Temperatur und gleicht die punktuelle Hitze des Brenners aus. So können Ihnen zähflüssige Gerichte wie Erbsensuppe nicht anbrennen.

Hat nicht jeder, ist aber nützlich: die Feldküche.

Die Wurstkammer

Von vielen alten Hausschlachtern wird berichtet, dass sich die im Haus befindlichen Räucher- oder Wurstkammern nicht mehr zur Aufbewahrung eigneten, sobald eine Zentralheizung eingebaut wurde. Früher hing die Wurst bei wenigen Grad über Null den ganzen Winter in der Wurstkammer. Durch die hohe Luftfeuchtigkeit im Zusammenspiel mit der geringen Temperatur reifte die Wurst von innen heraus und trocknete auch sehr langsam und gleichmäßig. Bei einer zu trockenen Luft wird die Außenseite jedoch sehr schnell trocken und hart und bildet einen Trockenrand. So kann sie dem Inneren, das durch Wasserverlust ebenfalls schrumpft, nicht folgen und es bilden sich Hohlräume, die grau und schimmelig werden. Diese hohlen Stellen findet man erst nach dem Anschneiden der Wurst. Verhindern kann man das wie beschrieben durch eine ausreichend hohe Luftfeuchtigkeit, aber auch durch das Abwaschen der Wurst mit Salzwasser, um die Außenseite elastisch zu halten und die Wurst insgesamt schrumpfen zu lassen. Aber das ist die schlechteste Lösung.

Durch die hohe Luftfeuchtigkeit im Zusammenspiel mit der geringen Temperatur reift die Wurst von innen heraus.

Eine perfekte Wurstkammer besitzt weder Elektrogeräte noch eine Heizung, dafür aber eine Zuluft- und Abluftöffnung mit Fliegengitter. Ein kleines Fenster ist hoch gelegen, damit darunter ein Regal Platz findet und nicht zu viel Wärme hereinkommt. 65–80 % Luftfeuchtigkeit sind ideal. Frostfrei sollte sie auf alle Fälle sein, am besten zwischen 4 und 17 °C, jedoch für das erste Reifen eher auf der warmen Seite. Die Wände bestehen (im besten Fall) aus Lehmziegeln oder Ziegeln im Fachwerk. Die überschüssige Feuchtigkeit schlägt sich an den Wänden nieder und wird aufgenommen. Wenn die Luft wieder trockener wird (das geschieht durch die Änderung der Temperatur), gibt die Wand die Feuchtigkeit wieder an den Raum ab.

Wände aus Lehmziegeln oder Ziegeln im Fachwerk sind ideal.

Richtige Reifekammern für Würste und Schinken kann man selbstverständlich auch kaufen. Sie sind für Profis entwickelt und steuern alle wichtigen Vorgänge und Parameter automatisch. Sie sind praktisch, teuer, aber nicht sexy. Viel schöner ist es doch, sich eine Wurstkammer selbst einzurichten und mit Thermometer und Hygrometer zu überwachen.

Ein einfacher elektrischer Frostwächter mit Thermostat hält die Temperatur sicher und zuverlässig bei 5 °C.

In alten Häusern gibt es auf dem Dachboden häufig die als Flüchtlingsstuben bezeichneten Kammern, die im und nach dem Krieg mit Lehmwänden schnell zusammengezimmert wurden, um Wohnraum für die Vertriebenen zu schaffen. Heute stehen diese Kammern meist leer und sind aufgrund der fehlenden Heizung und den feuchtigkeitsregulierenden Lehmwänden ideal als Wurstkammer geeignet. Meist sorgt ein Schornstein im Winter für eine leicht verschlagene Temperatur und hält den Raum frostfrei. Ansonsten können Sie für wenig Geld im Baumarkt einen Frostwächter erwerben, der den Raum auf 5 °C hält. Früher hat man eine Schüssel mit Wasser aufgestellt, um einerseits etwas Luftfeuchtigkeit in den Raum zu bringen, und andererseits ggf. an der Eisschicht festzustellen, ob der Raum zu kalt wurde. Die Wurstkammern auf dem Dachboden sind jedoch im Sommer meist zu heiß, die Würste müssen dann in den kühleren Keller umgelagert oder vakuumiert und eingefroren werden, wenn sie schon ausgereift sind.

Oben links: Eine alte Flüchtlingsstube mit Lehmwänden auf dem ungeheizten Dachboden ist die ideale Reifekammer für Mettwürste.

Oben rechts: Ein spezieller Reiferaum mit einer Lüftung oben in der Ecke und einem Gestell für die Würste ohne Heizung und mit hochgelegenem Fenster ist ebenfalls ideal.

Eine andere Möglichkeit ist, auf den Keller auszuweichen. Ein alter Gewölbekeller mit einem Fußboden aus gelegten Steinen oder gestampftem Lehm ist ideal, aber leider nicht mehr überall anzutreffen. Wir besitzen selbst einen solchen Keller, der eigentlich ideal wäre, wenn die Vorbesitzer nicht im Raum darüber eine Fußbodenheizung eingebaut hätten. So liegt im Winter die Temperatur immer über 17 °C. Und so ist es in unserem Keller im Sommer kälter als im Winter, weil im Sommer die Fußbodenheizung nicht in Betrieb ist.

In einem anderen Gebäude unseres Hofes wurde der Keller extra für die Lagerung von Lebensmitteln gebaut. Der Fußboden besteht aus einfachem Estrich, die Wände sind lediglich gekalkt, es befindet sich in einer Ecke oben ein Lüftungsloch und ein Fenster so hoch, dass zwar etwas Licht hineinfällt, man aber noch etwas darunter stellen kann. Im Sommer wird dieses Fenster mit einer Styroporplatte abgedeckt, sodass keine Sonnenstrahlen einfallen und den Raum aufheizen können. Im Winter wird das Lüftungsloch ggf. mit einem alten Handtuch zugestopft.

Wenn Sie sich eine Reifekammer bauen wollen, dann sind einfache Ziegel oder Kalksandsteine die beste Wahl. Wenn Sie dann noch jemanden kennen, der einen Lehmputz anbringen kann, sind Sie schon bei der

Luxus-Version. Vergessen Sie nicht die Aufhängung für die Wurststangen. Eine solche Kammer können Sie unter Umständen auch für das Räuchern verwenden, wenn der Rauch nach draußen abziehen kann.

Bei der Wurstherstellung in der wärmeren Jahreszeit ist es durchaus möglich, für kleine Mengen einen Wildkühlschrank zu nutzen. Dieser hat zusätzlich den Vorteil, absolut fliegensicher zu sein. Auch ist die Steuerung der Temperatur leicht, da sich diese bequem einstellen lässt. Im Wildkühlschrank ist in den ersten Tagen ein Reifen nur dann möglich, wenn dieser auch auf 18 °C oder höher eingestellt werden kann, was eher der Phase des Umrötens entspricht.

Zum Lufttrocknen von Schinken nutze ich den Aufgang des Pferdestalls zum Heuboden. Hier herrscht immer ein leichter Luftzug und die Lehmwände regulieren zusätzlich. Sogar der Edelschimmel kommt ganz von selbst.

Der Schinken reift durch den ständigen Luftzug und die Lehmwände ganz hervorragend.

Der richtige Räucherschrank

Bei den Räucherschränken gibt es nicht den „einzig richtigen" Schrank. Solange man räuchert haben sich immer neue und bessere Modelle entwickelt. Das Räuchern geschieht bei zwei Temperaturen: entweder bei Raumtemperatur (Kalträuchern) oder bei 80 °C (Heißräuchern). Kalträuchern ist natürlich auch in einem simplen Kasten aus Holz möglich und wird fast nur bei Schinken und Wurst angewandt. Heißräuchern ist typisch für Fische, die dabei gleichzeitig auch gegart werden. Bei der Hausschlachtung spielt es keine Rolle. Ich selbst besitze einen solchen Räucherschrank aus Rauspundbrettern, der durch die unbehandelte Oberfläche ein hervorragendes Raumklima bietet, die Feuchtigkeit aufnimmt und langsam wieder abgibt. Wichtig ist, dass die Türen möglichst weit aufgehen und die Befestigungsmöglichkeiten für die Stangen hoch angebracht sind, damit die Würste lang herunterhängen können.

Heißräuchern spielt bei der Hausschlachtung keine Rolle.

Eine andere Möglichkeit wäre eine Räucherkammer aus Stein oder Lehm, die in alten Bauernhäusern noch häufig vorhanden ist. Wer eine solche Kammer nutzen kann, sollte sich glücklich schätzen. Sie wird ebenfalls mit Räuchermehl befeuert und sollte auch nur zum Kalträuchern verwendet werden. Bei den Blechausführungen gibt es spezielle Heißräucheröfen, die für Fische gedacht sind. Entweder werden sie mit Holz und Spänen beheizt oder mit einem Gasbrenner, der zusätzliche Hitze einbringt und dabei das grobe Räuchermehl verglimmen lässt. Diese Blechschränke haben den Nachteil, dass sich beim Kalträuchern die Feuchtigkeit an den Wänden niederschlägt und herunterläuft. Eine ziemlich schmierige Angelegenheit. Dadurch wird auch ein feuchtes Klima im Inneren des Schrankes erzeugt, das dem Feuchtigkeitsverlust der Würste natürlich abträglich ist. Die Wände sollten idealerweise die Feuchtigkeit aufnehmen und dann später, wenn die Wurst in den Reiferaum gehängt wird, wieder abgeben.

Blechschränke können eine ziemlich schmierige Angelegenheit sein.

Wenn Sie Wurst wie Pfefferbeißer oder Mettenden direkt auf den Rauchstock legen, bildet sich an der Auflagestelle schnell eine feuchte Stelle

Wer einen solchen an den Schornstein angeschlossenen Räucherschrank besitzt, der kann sich glücklich schätzen, denn durch den Kaminzug wird die Feuchtigkeit abgeführt.

Der gleiche Schrank geöffnet mit eingehängten Mettwürsten in verschiedenen Größen.

Profi-Tipp

Probieren Sie vorher aus, ob die Stangen auch passen, denn später mit Wurst behängt sind zu kurze oder zu lange Stangen schlecht zu handhaben.

und damit Schimmel. Um dies zu verhindern gibt es im Querschnitt dreikantige Rauchstöcke aus Aluminium. Alternativ drehen Sie den Rauchstock bei jedem Räuchern eine halbe Umdrehung weiter.

Bei Bregenwürsten, bei denen Sie die einzelnen Würste endlos abbinden, sollten sie keine Rauchstöcke verwenden, sondern etwa 4 cm breite Leisten. Die Würste werden zu Paaren abgeschnitten und über die Leisten gelegt, berühren sich nicht und können an allen Seiten gut Rauch aufnehmen.

Grobes Räuchermehl aus dem Angelshop muss immer zusätzlich erhitzt werden, denn es brennt nicht weiter. Das Räuchermehl für das Kalträuchern ist so fein wie Kaffeepulver und wird etwas angedrückt. Es

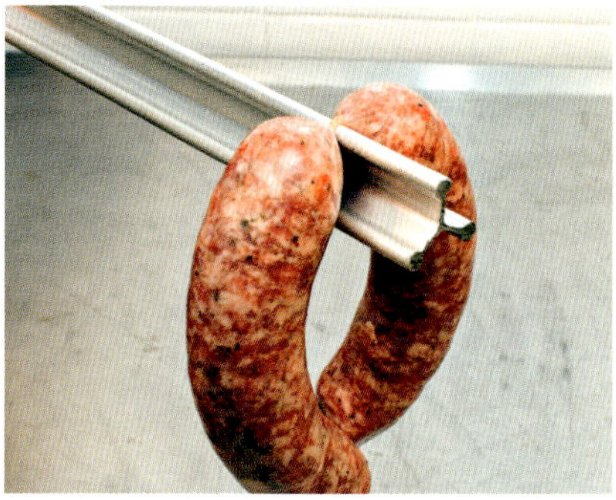

Auf Holzdübeln mit geriffelter Oberfläche (links) schimmelt die Wurst nicht so leicht an der Auflagestelle, dem Sattel. Aus gleichem Grund setzt die Industrie dreieckige Räucherstöcke aus Aluminium (rechts) ein.

Ein Räucherschrank aus Holz mit einer Pfanne für das Räuchermehl, einem untergelegten Ytong-Stein als Brandschutz und darüber einem alten Backblech mit Sand als Rauchverteiler.

glimmt – an einer Seite angezündet – langsam und gleichmäßig durch die ganze Räuchermehlpfanne.

Im Alpenraum gibt es die Selchkammer, dabei handelt es sich um freistehende Räucherhäuschen aus Ziegelsteinen, die mit Feuer betrieben werden. Um kalten Rauch zu erzeugen wird das Feuer in einer ein bis zwei Meter abgelegenen Feuerkammer entzündet und der Rauch durch ein unterirdisches Rohr von unten in die Selchkammer geleitet. Dadurch kühlt der Rauch ab und verliert auch die teerigen Bestandteile, die sich an den Wänden des Rauchrohrs abscheiden.

Ein kleiner Blechschrank für das gelegentliche Räuchern von einigen Stücken Speck oder Schinken ist für den normalen Einsatz zu klein, denn die vernünftigen Losgrößen von 5 kg Wurst lassen sich nur schlecht unterbringen, besonders wenn die Bänder etwas länger sind.

Räuchern Sie zuerst die Kochwurst, dann die Mettwurst und zum Schluss die Schinken und den Speck.

Katenschinken werden traditionell in Räucherkaten geräuchert. Dabei handelt es sich um große Scheunen, in denen die Schinken hängen. Das Räuchermehl wird üblicherweise direkt auf den Fußboden gestreut und entzündet. In regelmäßigen Abständen wird geräuchert und gelüftet. Entstanden sind diese Räucherkaten aus den typischen niedersächsischen Dielenhäusern mit offener Herdstelle.

Für einen üblichen Haushalt, der ein Schwein mit 120 kg Lebendgewicht schlachtet, ist ein Räucherschrank mit Platz für sechs Stangen mit einer jeweiligen Länge von etwa 80 cm genau richtig. Sie räuchern zuerst

Das richtige Räuchermehl für die Kalträucherei, der 25-kg-Sack in der Körnung „100–2500" kostet unter 20 Euro.

die Kochwurst (Leber-, Knapp-, Rotwurst), dann die Mettwurst und zum Schluss die Schinken und den Speck.

Im Räucherschrank sollten die Stangen so hoch wie möglich angebracht und die Tür so breit wie möglich sein, damit Sie die Stecken problemlos einhängen können.

Zum Räuchern im Holzschrank sollten sie einen Ytong-Stein unter die Pfanne mit dem Räuchermehl stellen, um den Holzschrank vor der direkten Hitze zu schützen, rechts und links kommt ein Backstein, darauf ein Backblech mit Sand, um den Rauch zu verteilen. Dieses Blech ist auch wichtig, falls ein Schinken herunterfällt, denn in dem glimmenden Räuchermehl würde er sich entzünden und den ganzen Räucherschrank in Brand setzen.

Auf das Backblech können Sie auch Speisesalz geben, das erfüllt denselben Zweck wie der Sand, aber Sie produzieren so nebenher Rauchsalz, das ganz hervorragend schmeckt, beispielsweise auf Ihrem Frühstücksei.

Ein Räucherschrank aus Holz bildet im Gegensatz zu einem Metallschrank kein Schwitzwasser, ist dafür aber auch nicht für das Heißräuchern geeignet.

Wer einen Smoker besitzt, der kann auch in dem Turm kalträuchern, allerdings nicht mit dem Feuer der Feuerbox, sondern mit einer Pfanne mit Räuchermehl unten im Turm.

Bei den Bändern zum Aufhängen von Schinken und Würsten sollten Sie die Schlaufen nicht zu groß machen, weil Sie dann die Höhe des Räucherschranks nicht optimal ausnutzen und die Würste zu tief hängen.

Zum Anzünden gießen Sie einfach einen Esslöffel Spiritus – auf keinen Fall mehr! – in eine Ecke des Räuchermehls. Es soll tief eindringen und keinen breiten und flachen Fleck erzeugen. Dann das Räuchermehl mit dem aufgesogenen Spiritus anzünden. Das aber bitte auf eigene Gefahr, denn Spiritus neigt zum Verpuffen. Ich habe schon alles ausprobiert, um Räuchermehl anzuzünden – Bierfilze, Teelichter, Lötlampen –, aber Spiritus direkt auf dem Mehl klappt immer und zuverlässig. Wichtig ist der kompakte Fleck, und auch wirklich nur ein Esslöffel voll, denn sonst stecken Sie unter Umständen den ganzen Schrank an oder überhitzen diesen, sodass die Schinken angaren und dann verderben. Das Mehl brennt erst einen Moment und beginnt dann zu qualmen. Sie dürfen den Räucherschrank nicht schließen, solange das Mehl noch brennt, sonst wird es im Innern sehr schnell zu heiß und die Wurst verdirbt.

Ein Räucherschrank sollte eher hoch statt breit sein, um zwei oder drei Reihen Stecken übereinander unterzubekommen.

Wer einen Smoker mit seitlichem Turm besitzt, der kann nicht nur kalt-, sondern auch heißräuchern. Wer heißräuchern möchte, der entfacht ein kleines Feuer in der Feuerbox und achtet besonders auf die Temperatur, die 80 °C nicht überschreiten sollte.

Für den sparsamen Hausschlachter gibt es inzwischen die als Sparbrand bezeichneten Gitterboxen, in denen das Räuchermehl spiralförmig angeordnet ist und so nur sehr wenig auf einmal und dabei sehr langsam abbrennt. Den gleichen Effekt erzielen Sie, wenn Sie in der Pfanne mit dem Räuchermehl mit der Hand eine Furche ziehen, sodass der Brand um die Ecke muss. Bei dem Preis von 20 Euro für 25 kg Räuchermehl im Schlachtereinkauf können Sie so bis an Ihr Lebensende räuchern, was wollen Sie mit einem Sparbrand für fast 30 Euro noch sparen? Und die Masse an Würsten braucht auch eine gewisse Rauchdichte, um genug Aroma aufzunehmen. Die muss dem Inhalt des Räucherschranks auch angeboten werden, sonst müssen Sie mit einem Sparbrand einfach öfter räuchern.

Was wollen Sie mit einem Sparbrand für fast 30 Euro noch sparen?

Messer, Fleischwolf, Wurstfüller und Co.

Der Fleischwolf

Sie sollten zum Testen den Fleischwolf niemals leer laufen lassen.

Das wichtigste Werkzeug ist ein ordentlicher Fleischwolf. Dieser besitzt eine Schnecke, die das Fleisch zuerst an einen Vorschneider (die Scheibe mit den drei länglichen Löchern), dann an das Messer und letztlich an die Lochscheibe drückt. Damit diese sich nicht mitdrehen, besitzt das Rohr innen eine Wulst und der Vorschneider und die Lochscheibe eine Ausklinkung. Das Messer läuft in der Mitte und schleift direkt an dem Vorschneider und der Lochscheibe. Dann kommen eine Abstandshülse und die Überwurfmutter. Diese Mutter ziehen Sie handfest an und drehen sie wieder „fünf Minuten" zurück, also so viel, wie ein Minutenzeiger auf einer Uhr in fünf Minuten zurücklegt. Das verschafft der ganzen Anordnung zwar einen strammen Sitz, aber auch genug Freiheit, sodass der Motor nicht gegen zu fest angezogene Scheiben arbeiten muss. Sie sollten zum Testen den Fleischwolf niemals leer laufen lassen, denn das ist nicht gut für die Klingen. Besser ist, einige Stücke Fleisch einzuwerfen, denn dann können Sie auch gleich das Schnittbild beurteilen. Denken Sie auch daran, dass der Fleischwolf meist (Modellabhängig) gegen den Uhrzeigersinn dreht (wenn Sie auf die Lochscheibe schauen). Auch wenn die Zwischenscheiben nur in einer Richtung eingebaut werden können, so kann man das Messer, den wichtigsten Teil, falsch herum einsetzen. Das sehen Sie dann aber am Schnittbild, entweder kommen „Körner" oder „Teewurst" heraus.

Beim Erwerb eines neuen Wolfs steht die Entscheidung im Raum, ob man ein einfaches Küchengerät für 69 Euro nimmt, oder ein Profigerät, dem man die deutlich höhere Qualität nicht unbedingt ansieht, dessen Preis aber eigentlich immer jenseits der 1000 Euro liegt. Bei den einfachen Küchenmodellen wird auf dem Karton meist eine Stundenleistung von 14 kg angegeben, aber das ist Wunschdenken. Die Hersteller lassen 1 kg Fleisch durch und rechnen dann die Zeit hoch. Auch sind bei diesen Modellen alle wichtigen Teile aus Plastik oder Aluminium, auch die belasteten Teile des Antriebs. Weiterhin sind sie völlig untermotorisiert

Ein professioneller Fleischwolf für den Einsatz im Ladengeschäft.

Das Schneidwerk lässt sich schnell und einfach abnehmen.

Die Innenteile des Schneidwerks des Fleischwolfs: oben links die Schnecke, rechts daneben die Überwurfmutter, die alles zusammenhält, unten v.l.n.r. der Vorschneider, das vierteilige Messer, die Lochscheibe und ein Distanzring.

und werden sehr heiß, was das Fleisch zusätzlich erwärmt. Um ab und zu 2 kg Bratwurst herzustellen, ist das kein Problem, aber wenn das Gerät tatsächlich einmal 20 kg Fleisch und Speck für Mettwurst wolfen soll (das sind nur 25 Stück zu 800 Gramm!), dann ist das nicht zu machen. Vielleicht ein- oder zweimal, aber dann stinkt es schon gewaltig nach Plastik.

Ein großer Motor, der ruhig und leise läuft, ist beim Verwursten von einem halben oder gar einem ganzen Schwein Pflicht.

Die Profi-Geräte erscheinen erst einmal sehr teuer, aber wenn man sich die Details anschaut, dann lohnt sich die Anschaffung. Ein großer Motor, der ruhig und leise läuft, ist beim Verwursten von einem halben oder gar einem ganzen Schwein Pflicht. Hier geht es nicht nur um die kurzzeitige Spitzenleistung, sondern um die langfristige Leistung. Der Wolf muss nach drei Stunden Dauerbetrieb immer noch kühl sein. Sie müssen sich aber kein neues Gerät kaufen, bei den Fleischer-Einkaufsgenossenschaften gibt es Werkstätten, die eigentlich immer generalüberholte Geräte zum halben Preis und mit Garantie anbieten. So erhalten Sie für 1000 Euro ein Gerät, das neu 2000 Euro kostet, und Ihnen noch viele Jahre Freude bereiten wird. Auch können Sie meist mit wenigen Handgriffen das Schneidwerk abbauen und leicht reinigen. Verschleißteile wie Lochscheiben, Vorschneider und Messer gibt es von der Stange, aber ein Nachschleifen ist auch kein Problem.

Vorsicht, wenn das Fett als „Schmalz" aus der Lochscheibe kommt.

Beim Fleischwolf ist ein sauberes Schnittbild für die Haltbarkeit der Wurstwaren – besonders der Rohwurstsorten – entscheidend. Sie sollten daher immer wieder bei Ihrer Arbeit kontrollieren, ob der Wolf auf der gesamten Fläche der Lochscheibe Fleisch ausstößt. Wenn nur die Hälfte oder weniger der Fläche frei ist und der Rest in der Mitte zugesetzt, dann stimmt etwas nicht. Zum einen kann das Messer falsch herum eingesetzt worden sein. Das Fleisch und – noch schlimmer – das Fett werden nur noch gedrückt und kommt als „Schmalz" aus der Lochscheibe. Auch setzt sie sich von der Mitte her zu, weil die Sehnen nicht mehr geschnitten werden, sich um die Achse wickeln und kein Fleisch mehr an die Lochscheibe lassen.

Ein falsch eingebautes Messer sollten Sie sofort umdrehen. Wenn die falsche Laufrichtung erst im Betrieb auffällt, dann müssen Sie den

Nicht nur das Messer muss scharf und schartenfrei sein, auch Lochscheibe und Vorschneider.

Wolf komplett zerlegen und reinigen, denn ansonsten können Sie die Überwurfmutter nicht mehr vernünftig anziehen, das ist wichtig, um die Lochscheibe und den Vorschneider an das Messer zu pressen, damit dieses sauber schneiden kann. Das Fleisch wird quasi von der scharfen, rechtwinkligen Kante des Lochs am Vorschneider oder der Lochscheibe und dem rotierenden Messer „abgeschert". Somit muss nicht nur das Messer scharf und schartenfrei sein, sondern auch die Lochscheibe und der Vorschneider müssen absolut plan und die Kanten der Löcher rechtwinklig sein.

Das Messer im Fleischwolf wird oft sträflich vernachlässigt, obwohl ein sauberer Schnitt entscheidend für die Qualität der Mettwurst ist. Ein stumpfes Messer schmiert und trennt die Sehnen nicht durch. Das richtige Schleifen der Messer ist nicht einfach, wird aber von jedem Fleischereinkauf gerne durchgeführt. Vergessen Sie dabei nicht die Lochscheiben, denn sie sind als Widerlager für die Klingen ebenso wichtig. Das Schleifen erfolgt bei den Profis mit einer Maschine und ist frei Hand an einem Bandschleifer nicht möglich. Zu schnell ist eine Delle an der falschen Stelle in die Klinge geschliffen und sie gleitet dann nicht mehr plan über die Lochscheibe, sodass das Fleisch nicht geschnitten, sondern zerquetscht und gerissen wird. Dabei verliert es zu viel Wasser und wird unnötig warm.

Profi-Tipp

Halten Sie immer einen zweiten Satz aus Vorschneider, Lochscheibe und Messer bereit. Um Verwechslungen zu vermeiden, sollten Sie sie mit Wurstband zusammenbinden und beschriften. Man sieht einem Messer oder einer Lochscheibe im Normalfall nicht an, dass sie nur noch schlecht schneidet.

Bei den Fleischwölfen mit Drehstromanschluss kann es vorkommen, und zwar häufiger als man denkt, dass die Phasen vertauscht werden und die Maschine in der falschen Richtung oder überhaupt nicht anläuft. Der Grund ist eine falsche Verkabelung in den Steckdosen. Einige Stecker besitzen die Möglichkeit, die Phasen zu tauschen, dazu werden mit einem Schraubendreher die beiden mittleren Metallstifte gedreht. Im Zweifelsfall sollten Sie einen Elektriker zu Rate ziehen, denn Drehstrom ist nicht nur sehr gefährlich, sondern bei einer falschen Verkabelung kann auch der Motor oder die Platine zerstört werden. Ein Fleischwolf mit 220 Volt läuft zwar nicht so ruhig und ausdauernd wie einer mit Drehstrom, er ist aber überall einsatzfähig.

Einfache Fleischwölfe besitzen keinen Vorschneider, dort liegt das Messer direkt an der Lochscheibe an. Bei sauber entsehntem Fleisch ist das kein Problem, aber bei sehnigen Stücken stößt solch ein Wolf schnell

an seine Grenzen. Die Sehnen können sich dann um die Achse wickeln und zwischen Messer und Lochscheibe einen Abstand aufbauen, der dafür sorgt, dass das Fleisch nicht mehr richtig geschnitten wird.

Ein moderner Fleischwolf kann mit wenigen Handgriffen zerlegt werden, sodass Sie das Schneidwerk mit dem Trichter abnehmen und während der Arbeitspausen im Kühlschrank verschwinden lassen können. Dann geht das Schneidwerk zwar meist nur sehr stramm wieder in den Motor, aber um dies zu vereinfachen, sprühen Sie die Außenseite einfach mit etwas Trennspray vom Bäcker ein – schon flutscht es!

Ein Fleischwolf wird oft falsch benutzt, indem die Fleischbrocken mit Kraft hineingedrückt werden. Das ist völlig falsch, der Fleischwolf muss das Fleisch von selbst einziehen, der Stopfer ist lediglich dazu da, Fleisch, welches an der Wandung im Schacht klebt, nach unten an die Schnecke zu drücken. Wer mehr Leistung benötigt, der muss einen größeren Fleischwolf kaufen.

Die früher üblichen Fleischwölfe für Handbetrieb sind heute nicht mehr zeitgemäß. Damals waren mehr Arbeitskräfte beim Schlachten dabei, sodass sich zwei Halbwüchsige beim Kurbeln abwechseln konnten. Als Einzelkämpfer kaufen Sie sich besser einen elektrischen Wolf, auch wenn es mit Muskelkraft nicht schlechter geht.

Profi-Tipp

Die meisten Fleischwölfe haben eine komische Arbeitshöhe, sodass keine Schüssel unter den Auslauf passt. Das sollten Sie im Vorfeld einmal prüfen und dann ggf. einen Klotz besorgen, der die nötige Höhe erzeugt. Damit das Ganze nicht rutscht, legen Sie eine Anti-Rutschmatte unter.

Ein kleiner, stabiler Profi-Wurstfüller für die Hausschlachtung mit 6,8 Litern Inhalt

Wurstfüller

Ein halbes Schwein durch einen Fleischwolf in Därme drücken zu wollen, ist ein völlig unsinniges Unterfangen.

Um Wurst herzustellen brauchen Sie auch einen Wurstfüller. Fangen wir mit dem Einfachsten an: Ein Fleischwolf mit Füllrohr. Diese Konstruktion ist geeignet, um zu Hause mal eben ein paar Pfund Bratwurst zu machen. Diese werden ohnehin nicht so stramm gefüllt und die Menge ist überschaubar. Es ist und bleibt jedoch ein Notbehelf oder das Gerät für den Einstieg. Ein halbes Schwein durch einen Fleischwolf in Därme drücken zu wollen, ist ein völlig unsinniges Unterfangen.

Als nächstes kommen die einfachen Geräte, die einen liegenden Zylinder besitzen und von verschiedenen Versandhäusern für um die 100 Euro angeboten werden. Die meisten Geräte besitzen Plastikteile, die nicht in der Lage sind, die hohen Kräfte aufzunehmen, die Sie bei der Herstellung von Mettwurst benötigen. Auch lassen sich damit flüssige Massen wie für Rotwurst oder Leberwurst nur schlecht verarbeiten. Für Bratwürste sind diese Konstruktionen aber meist ausreichend und schaffen auch zehn Kilogramm Brät und mehr.

Die Profigeräte für Hausschlachter beginnen bei einem Volumen von 6,8 Litern. Noch größere Modelle besitzen ein Getriebe, mit dem Sie langsam herunterkurbeln und nach dem Umschalten mit einem schnellen Gang den Stempel wieder hochfahren können, um zügiger nachzufüllen. Diese Geräte beginnen bei einigen hundert Euro, dafür sind sie aber auch fast unzerstörbar. Wem das zu teuer ist, der sollte sich lieber ein gebrauchtes Gerät auf dem Flohmarkt kaufen, als für das gleiche Geld ein billiges Plastikgerät.

Kaufen Sie sich lieber ein gebrauchtes Gerät auf dem Flohmarkt als für das gleiche Geld ein billiges Plastikgerät.

Bei den Vakuum-Füllern aus dem professionellen Fleischerbedarf brauchen Sie keinen zweiten Mann zum Kurbeln, dafür beginnen diese Geräte bei einem Volumen von 30 Litern, was für die Hausschlachterei überdimensioniert ist. Dafür ist es sehr bequem, statt zu kurbeln nur mit dem Oberschenkel einen Hebel zu drücken.

Kaufen Sie zu dem Wurstfüller auch gleich die beiden wichtigsten Ersatzteile: Ventil und Dichtungsring. Sie sind billig und leicht zu bekommen, aber am Samstagmittag, wenn Sie Wurst machen wollen, ist so ein Pfennigartikel ein wichtiger Faktor.

Sollte der Dichtungsring um die Stempelplatte aus irgendwelchen Gründen verschwunden sein, dann legen Sie ein angefeuchtetes, doppelt gelegtes Küchenhandtuch aus Stoff über die Platte und kurbeln sie nach unten, das Handtuch sollte genug abdichten. Ohne Ventil ist die Arbeit sehr schwierig, aber Ventile sind billig, Sie sollten daher immer eins in Reserve haben.

Sie sollten immer ein Ventil in Reserve haben.

Das Ventil hat eine wichtige Funktion: Es verhindert zum einen, dass Luft in die Wurst gedrückt wird und andererseits saugt es beim Hochkurbeln Fleischreste aus dem Füllrohr. Bei einem Dick-Wurstfüller müssen Sie mit etwas Vorsicht an die Sache herangehen. Normalerweise sollte das Ventil beim Heraufkurbeln im letzten Moment an die nach hinten gerichtete Strebe stoßen und nach unten gedrückt werden. Das klappt nicht immer, ist aber auch nicht tragisch. Wenn Sie die Stempelplatte etwas zur Seite drehen, dann können Sie das Ventil nach unten drücken, wobei es von dem kleinen O-Ring im Schaft gehalten werden sollte. Sobald der gefüllte Behälter vorsichtig schräg (um das Ventil nicht abzuscheren) eingesetzt wurde, kurbeln Sie den Stempel herunter. Das Ventil muss unbedingt nach unten geschoben sein und somit offen. Sobald das Ventil unten auf das Brät trifft und Sie weiter kurbeln, wird die letzte Luft heraus und das Ventil nach oben gedrückt, wobei es dann auch abdichtet. Wenn der Behälter leer ist, stellen Sie das Befüllen ein und kurbeln den Stempel wieder hoch. Halten Sie dabei das Füllrohr mit dem Daumen zu. Wenn Sie weiter kurbeln, spüren Sie den entstehenden Unterdruck, weil das Ventil immer noch verschlossen ist. Auf dem Füllrohr baut sich ein Sog auf und sobald Sie den Daumen vom Füllrohr nehmen, wird das Brät im Rohr mit einem lauten, schmatzenden Geräusch nach innen gesaugt. Sobald das Ventil oben anschlägt, wird es wieder in die offene Ausgangsstellung gedrückt. Das restliche Brät aus dem Füllrohr befindet sich dann in dem Behälter. Jetzt kann die nächste Portion auch wieder luftblasenfrei eingefüllt werden.

Reinigen Sie nach jeder Benutzung das ausgebaute und zerlegte Ventil und entfernen Sie den O-Ring der Stempelplatte mit einem stumpfen Gegenstand (am besten mit einem Schlesinger, nie mit dem Messer!) und reinigen Sie diesen ebenfalls. Das Gewinde der Mechanik schmieren Sie mit lebensmittelechtem Fett, Ballistol oder Trennspray. Das Füllrohr reinigen Sie mit einem Küchentuch, das Sie mit einem Stück Wurstband durchziehen.

Messer

Erst mal etwas Grundsätzliches vorweg: Mit dem Messer schneidet man Fleisch, mit der Säge sägt man Knochen, mit dem Spalter (Beil) zerhackt man die Wirbelsäule und den Schädel. Der Spalter ist nicht in der Lage, einen großen Röhrenknochen zu durchtrennen, dabei produzieren Sie nur Scharten im Metall und Knochensplitter. Die langen Röhrenknochen können Sie entweder sägen oder mit der Rückseite des Beils zerschlagen, wenn Sie damit einen Fond ansetzen wollen. Knochensplitter machen Fleisch genussuntauglich! Beim Schneiden erkennt man den geschickten Hausschlachter. Er ist in der Lage, mit wenig Kraft das Messer zu führen und dabei noch möglichst wenige Bewegungen zu machen. So ist einerseits die Verletzungsgefahr geringer und das Schlachten ist nicht so anstrengend. Das Messer bleibt immer in der rechten Hand, das Fleisch wird mit der linken gehalten. Auf keinen Fall sollten Sie über Kreuz arbeiten. Bei einigen Messern – den Ausbeinmessern – greift man das Messer so, dass die Klinge auf der Seite des kleinen Fingers aus der Faust zeigt. Wichtig ist immer, eine besonders entspannte und natürliche Handhaltung anzustreben, das ist bequem, einfach und somit schonend für Ihre Muskeln und Gelenke.

Beim Schneiden erkennt man den geschickten Hausschlachter.

Diese Messer und Werkzeuge brauchen Sie auf jeden Fall: (v.l.n.r) eine lange, stabile Fleischgabel, einen Wetzstahl, ein Blockmesser zum Kleinschneiden von Fleisch, ein Messer mit fester, gerader Klinge und zum Ausbeinen ein kurzes Ausbeinmesser mit nach oben gebogener, flexibler Klinge.

Interessanterweise kommen viele Hausschlachter mit nur zwei oder drei Messern aus und nutzen zu 90 % der Zeit nur ein bestimmtes Messer, meist ein Ausbeinmesser mit flexibler Klinge oder ein Stechmesser.

Stechmesser

Das Stechmesser ist für das Abstechen des Schweins gedacht. Verwenden Sie dabei ein Messer mit einer breiten Klinge, rund 14 cm lang, damit Sie auch schnell und effektiv stechen können. Das ist aber nur eine Verwendung, ansonsten können Sie mit diesem Messer natürlich auch alle möglichen Schnitte ausführen.

Ausbeinmesser mit flexibler Klinge

Um das Fleisch von den Knochen zu schneiden, sind Ausbeinmesser mit einer flexiblen Klinge notwendig. Nur damit kann man so dicht am Knochen schneiden, dass wenig Fleisch an diesem verbleibt. Das Messer wird so gegriffen, dass die Klinge nach unten aus der Hand steht, dann erschließt sich auch die gebogene Form der Klinge. Dadurch ist das Handgelenk nicht abgewinkelt und die Arbeit weniger ermüdend.

Kochmesser

Die typischen Kochmesser sind für die Hausschlachtung schlecht geeignet, da sie einerseits sehr schwer und damit ermüdend sind und andererseits nicht zum Fleisch schneiden gemacht sind, sondern eher für Gemüse. Daher heißen sie auch Koch- und nicht Schlachtermesser.

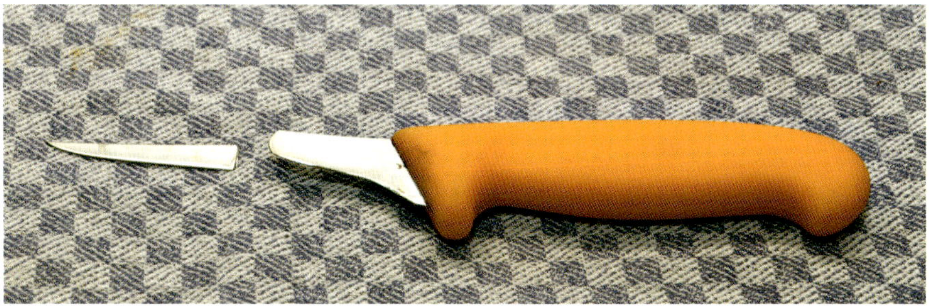

Aus einem alten, zu dünn geschliffenen Messer können Sie immer noch ein Messer zum Abbinden zurechtschleifen.

Messer zum Wurst abbinden

Beim Wurst abbinden – besonders bei Mettwurstringen – sind viele Hände auf engem Raum. Wenn Sie dann den Darm mit einem großen und spitzen Messer abschneiden, ist das sehr gefährlich. Nehmen Sie ein altes, bereits zu dünn geschliffenes Messer und schleifen Sie die Klinge um, sodass eine runde, stumpfe Spitze ensteht. Schärfen Sie nun im hinteren Teil der Klinge die ersten zwei bis drei Zentimeter. Sicher ist sicher. Es gibt auch spezielle Messer, bei denen am unteren Ende des Griffs gleich einige Nadeln zum Stippen der Wurst mit angebracht sind.

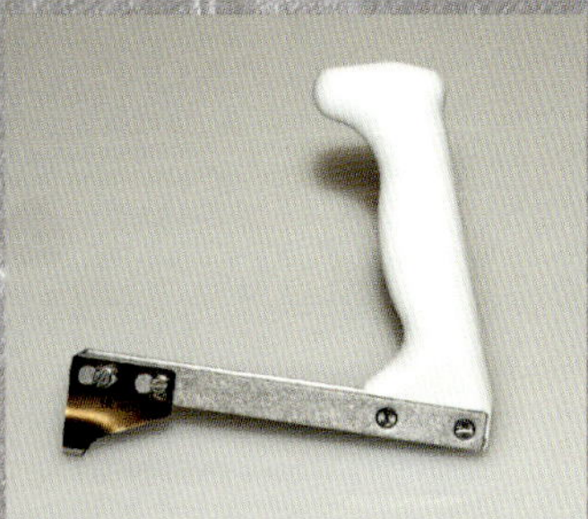

Mit einem Rippenzieher können Sie die Rippen herauslösen, ohne dass viel Fleisch am Knochen verbleibt.

Schälmesser

Die kleinen Schälmesser sind für das Vorbereiten der Zwiebeln und zum Absammeln von Fleischresten auf den Knochen gut zu gebrauchen.

Rippenzieher

Wer viele Schweinebäuche verarbeitet, der ist mit einem Rippenzieher gut bedient. Die Arbeit geht schnell und sauber vonstatten und es bleibt wenig Fleisch an den Knochen.

Blockmesser

Blockmesser haben eine spezielle Klingenform, um damit auf dem Block – dem Schneidebrett – Fleisch zu schneiden. Man nutzt die vordere Rundung der Klinge. Somit ist es nicht möglich wie mit einem Kochmesser einen Wiegeschnitt auszuführen, weil man mit dem Ende der Klinge nicht sauber auf dem Schneidebrett aufliegt. Dieses Messer ist ein wichtiger Teil der Ausrüstung und sollte zu den drei Messern gehören, die unbedingt immer dabei sein sollten.

Spalter

Um ein Schwein der Länge nach zu zerteilen, verwenden Profis einen Schweinespalter. Diese lange „Axt" wird mit zwei Händen und vielen kleinen Schlägen geführt. Das Treffen ist zunächst wichtiger als die Kraft. Für Anfänger sollte aber die Säge das Werkzeug der Wahl sein.

Für die Kotelettstränge ist ein Ladenspalter – der kleine Bruder des Schweinespalters – vorgesehen. Beide Spalter sind scharf wie ein Messer geschliffen, besitzen aber einen balligen Schliff, damit die Schneide stabiler ist. Wenn sie mit dem Spalter nicht so richtig treffen, dann setzen Sie ihn mit der linken Hand auf und treiben ihn mit einem Holzhammer durch den Knochen. Der Vorgang sieht nicht professionell aus, aber dafür das Ergebnis und darauf kommt es ja auch an.

Für Anfänger sollte die Säge das Werkzeug der Wahl sein.

Mit einem Spalter können Sie nur die Wirbelsäule zertrennen, aber auf keinen Fall die großen Röhrenknochen. Wenn diese für eine Suppe oder Fonds geöffnet werden sollen, damit auch das Mark auskocht, dann zerschlagen Sie die Knochen auf einem Hackklotz mit der Rückseite der Klinge.

Für Kotteletknochen kann man einen Ladenspalter benutzen (oben) oder eine Knochensäge, die für den Anfänger besser geeignet ist (unten).

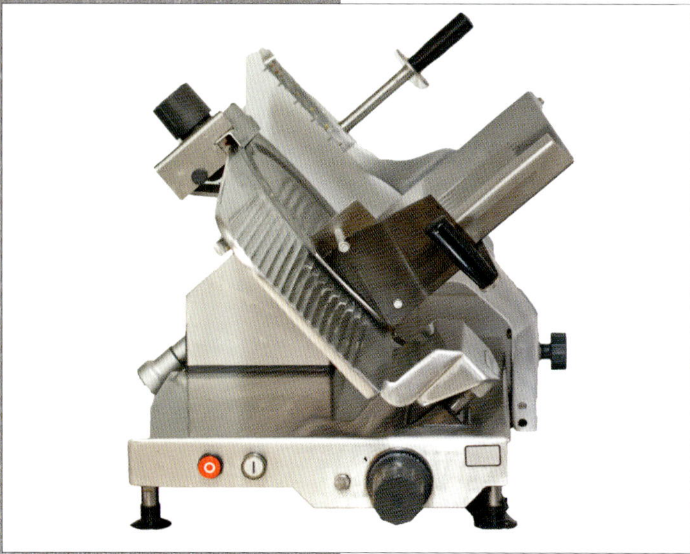

Aufschnittmaschine

Wenn Sie viel Schinken und harte Wurst wie Salami herstellen, dann sollten Sie über die Anschaffung einer professionellen Aufschnittmaschine nachdenken. Das Wort „professionell" ist hierbei besonders wichtig, arbeiten Sie lieber mit einem guten Messer als mit einem leistungsschwachen Plastikgerät. Profigerät heißt aber auch Profipreis, unter 1000 Euro ist da wenig zu machen. Auch bei generalüberholten Geräten aus dem Fleischereinkauf. Mit diesen Geräten können Sie mit den deutlich größeren Rundmessern aber auch große Schinken und somit große Scheiben hauchdünn schneiden, was dem Aroma des Schinkens sehr zuträglich ist.

Verwenden Sie lieber ein Messer als ein leistungsschwaches Plastikgerät.

Eine Aufschnittmaschine ist ideal geeignet, um Schweinebauch in Grillscheiben oder Rindfleisch in Rouladen zu schneiden. Auch große Mengen Zwiebelringe oder Sellerieknollen (für kleinste Würfel) können Sie so schnell und gleichmäßig herstellen.

Stichschutz

Nutzen Sie auf jeden Fall einen Kettenhandschuh für die linke Hand, denn damit sind Sie schneller und es ist natürlich sicherer. Bei den billigen Handschuhen aus Kevlar hört es sich in der Werbung so an, als ob man damit vor Verletzungen geschützt wäre. Bei den Verletzungen handelt es sich aber meist um Stiche, die das geflochtene Gewebe nicht verhindern kann, da die Spitze durch die Maschen sticht und diese auseinanderschiebt. Bei den Kettenhandschuhen sind die Ringe verschweißt und lassen sich nicht aufweiten. Aber das auch nur, wenn die Klinge nicht bis auf einen halben Zentimeter geschliffen wurde und tief in die Kettenglieder eindringen kann. Das ist falsche Sparsamkeit.

Nutzen Sie auf jeden Fall einen Kettenhandschuh.

Pflaster

Für Schnittwunden am Finger gibt es spezielle Pflaster mit extra langen Klebestreifen. Diese gibt es im Schlachterbedarfshandel, sie sind meist blau und besitzen Metallstreifen, damit sie im Industriebetrieb detektiert werden können. Ausserdem gibt es eine spezielle Sorte, die sowohl in Wasser als auch in Fett hält und die vorsorglich angelegt werden kann, um am kleinen Finger die Beuge zu schützen, wenn man Mettwurst abbindet. Diese sollte man natürlich anlegen, bevor etwas aufgescheuert ist, denn in der Fingerbeuge heilen Wunden nur sehr schlecht.

Vorsorglich angelegt schützen sie die empfindliche Fingerbeuge

Gummihandschuhe

Wer offene Wunden an den Händen hat, der möchte sicherlich nicht die Wurstmasse mit dem Pökelsalz durchmischen. Hierbei helfen Einweg-Gummihandschuhe. Nehmen Sie ruhig eine etwas teurere Variante, die etwas strapazierfähiger ist. Latexhandschuhe sitzen besser. Die einfachen Varianten vom Typ „Tankhandschuh für Diesel" ist hier fehl am Platz. Ein guter Handschuh an der linken Hand unter dem Kettenhandschuh verhindert auch, dass sich die Kettenglieder unangenehm in die Haut drücken, wenn man etwas fester zupackt.

Messer bewahrt man am besten in speziellen Köchern auf.

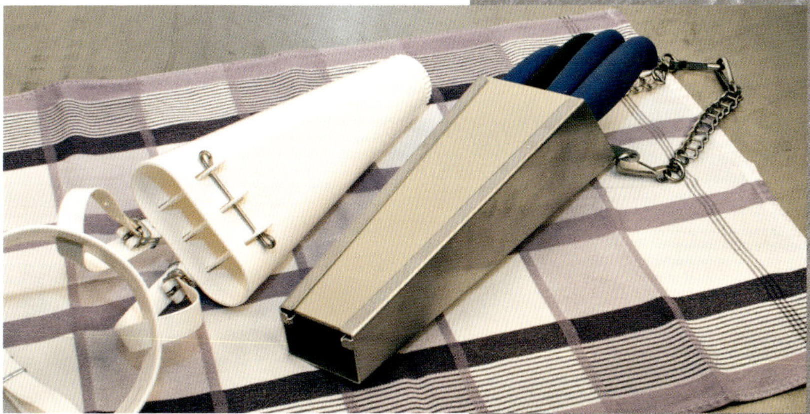

Messerköcher

Die echten Profis beim Hausschlachten besitzen natürlich ein Koppel mit Messerköcher und einem Riemen für den Wetzstahl. So ist alles an seinem Platz und der Wetzstahl schnell zu Hand.

Ein Messerträger aus einem alten Kanister ist schnell zurechtgeschnitten, kostenlos und unheimlich praktisch.

Messerträger aus einem Kanister

Ein Schlachter hat immer seine eigenen Messer dabei. Einen einfachen Messerträger können Sie aus einem alten Kanister fertigen: Einfach wie im Bild gezeigt zuschneiden, und Sie haben immer alles parat.

Schabeglocke

Wer die Schweine selbst enthaaren will, der kommt ohne Schabeglocke nicht aus. Damit werden die gelösten Borsten abgeschabt und mit dem Haken am spitzen Ende zieht man die Klauen an den Pfoten heraus. (siehe Foto auf Seite 29)

Für einen Hackklotz ist eigentlich kein Platz mehr in der Wurstküche.

Hackklotz

Ein rustikaler Hackklotz aus Holz sieht toll aus, ist aber für die Hausschlachtung denkbar ungeeignet. Abgesehen von der Problematik, diesen sauber zu halten, ist er eigentlich nur für das Hacken von Koteletts zu gebrauchten. Da das aber besser unterbleibt und stattdessen die Säge zum Einsatz kommt, ist für einen Hackklotz eigentlich kein Platz mehr in der Wurstküche. Kaufen Sie lieber eine dickere Unterlage, legen diese an die Ecke des Zerlegetischs, sodass sie direkt vom Tischbein unterstützt wird, das ist wesentliche effektiver, als dafür ¼ Quadratmeter Stellfläche für den Klotz zu verbrauchen. Dafür bietet er einen idealen Unterbau für eine professionelle Aufschnittmaschine.

Schneidebretter

Schneidebretter kann man nicht genug haben, immer wenn man eins braucht, ist es gerade in der Spüle. Achten Sie dabei darauf, dass die Bretter so groß sein sollten, dass Sie das gerade noch handhaben können und sie bequem in die Spüle passen. Achten Sie auch darauf, dass zwei Bretter auf Ihren Tisch passen, wenn sich zwei Leute beim Schneiden gegenüberstehen. Damit die Bretter nicht wackeln oder rutschen, können Sie entweder einen feuchten Lappen unterlegen, oder eine Anti-Rutschmatte verwenden. Es gibt auch Schneidebretter mit Gummifüßen.

Bretter mit umlaufender Saftrille sind für das Schlachten nicht besonders praktisch. Sollten Sie oft saftige Braten aufschneiden, dann kaufen Sie sich ein Schneidebrett, das in einen flachen Gastronormbehälter passt, dann läuft garantiert kein Saft auf den Tisch.

Kaufen Sie keine übermäßig großen Schneidbretter, denn diese sind unhandlich, biegen sich beim Abtrocknen durch und wackeln dann. Ein Brett, das in eine $^1/_1$ Gastronormform passt (530 x 325 mm), ist für alles ausreichend.

Es gibt auch Tische mit eingelegten Schneidebrettern, diese sind sehr praktisch. Sollten die Bretter an der Oberfläche zerschnitten sein, dann können diese beim Schlachtereinkauf wieder abgehobelt werden. Zum Reinigen legen Sie eine Schicht Küchenpapier auf die Bretter und gießen Bleiche auf das Papier, so hält sich die Bleiche am Platz und kann die schwarzen Schnitte aufhellen und desinfizieren.

Schneidebretter kann man nicht genug haben!

Holz beim Schlachten

Heutzutage hat sich beim Schlachten überall die Verwendung von Kunststoff durchgesetzt. Es gibt kaum noch Schneidebretter aus Holz oder Messer mit Holzgriff. Aber um der Diskussion nicht aus dem Weg zu gehen: Wer einmal im Jahr schlachtet, der kann bedenkenlos Holzbretter verwenden. Bis zum nächsten Jahr ist auch die letzte Mikrobe verstorben. Wer allerdings als Profi mittags die Schneidebretter feucht

Wer Spaß und Freude an der Hausschlachtung hat, der sollte sich die Arbeit so einfach wie möglich machen.

abwischt und am nächsten Morgen um sechs schon wieder den Kessel anheizt und die Luft mit Wasserdampf schwängert, der braucht sich nicht zu wundern, wenn die Holzbretter bald muffig riechen. Wir haben inzwischen bewährte Kunststoffe und rostfreien Edelstahl, warum sollten wir diese nicht auch nutzen? Und wer noch von Opa einen alten Wetzstahl mit Holzgriff nehmen möchte, der kann das tun. Wer aber Spaß und Freude an der Hausschlachtung hat, der sollte sich die Arbeit so einfach wie möglich machen und auf die alten hölzernen Schlachtmollen verzichten und sich einen Satz Kunststoff-Fleischwannen zulegen. Die alten Schlachtmollen können Sie mit Leinöl einreiben und dann für kalte Buffets als dekorative Brotkörbe oder Wurstmollen verwenden, aber für die Zubereitung von Lebensmitteln gibt es heute bessere Möglichkeiten.

Bei den Schneidebrettern ist das allerdings etwas anders: Früher waren diese aus Hainbuche gefertigt, die nicht nur besonders hart ist, sondern auch eine antibakterielle Wirkung besitzt, sodass die Bretter relativ keimfrei bleiben. Bei den Schneidebrettern aus Kunststoff sammeln sich in den Schnitten die Bakterien und können so auf die nächste Fleischportion übertragen werden. Sie sind also bei Weitem nicht so keimfrei, wie man vermutet.

Schüsseln

Achten Sie auf vernünftiges Material

Schüsseln sind in einem normalen Haushalt immer Mangelware. Manchmal hat ein Discounter ein Schüsselset im Angebot, dann wird zugeschlagen: extrem dünnes Plastik aus zweifelhaften Quellen, dafür in den schönsten Neonfarben. Sobald dann mehr als ¼ des Volumens mit Brät gefüllt ist, reißen die Henkel ab. Wenn Sie sich einen Gefallen tun wollen, dann kaufen Sie direkt vernünftiges Material im Fleischereinkauf. Das sind dann eckige Wannen, die sich ineinander stapeln lassen und eine umlaufende Griffkante besitzen, die auch hält. Das Ganze besteht aus weißem, lebensmittelechtem Kunststoff. Auch wenn Sie das Schlachten nur ab und zu durchführen, ist eine volle Wanne bei Ihnen genau so schwer wie beim Metzgermeister um die Ecke. Eine Wanne, die Ihnen durchbricht, ist überhaupt nichts wert und es ist schade um die verdorbene Wurst.

Kleinere Schüsseln sollten Sie sich aus Edelstahl kaufen. Am besten in drei Größen, die sich ineinander stellen lassen. Das nimmt wenig Platz im Regal weg und macht Spaß beim Arbeiten. Emailleschüsseln sind extrem anfällig gegen Beulen, die Beschichtung platzt dann ab und das offenliegende Blech rostet. Bis zum Ende des Zweiten Weltkrieges gab es noch keinen rostfreien Stahl, da mussten alle Blechschüsseln entweder verzinkt oder emailliert werden, heute ist das nicht mehr notwendig.

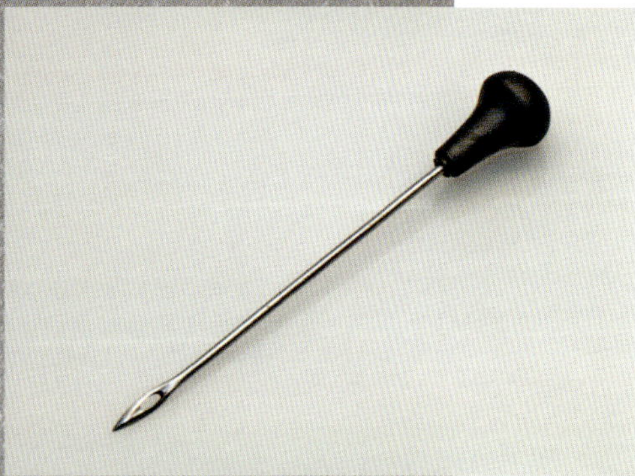

Eine Anstrippnadel ist praktisch, um Speck und Schinken mit einem Band zum Aufhängen zu versehen.

Specknadel

Um die Schinken oder Speckseiten aufzuhängen ist eine Specknadel – auch Anstrippnadel genannt – sehr praktisch. Es geht auch ohne, indem man ein Loch mit dem Messer vorsticht und dann das Band durchfummelt, aber das ist wirklich nur ein Behelf. Achten Sie darauf, dass die Spitze messerscharf angeschliffen ist, um durch die zähe Schwarte durchzukommen. Und achten Sie auch darauf, dass Sie sich die Nadel nicht selbst in die Hand stoßen, wenn sie auf der anderen Seite mit Schwung durch die Schwarte kommt. Für das Räuchern sollten Sie immer nach dem Einsalzen anstrippen.

Ein Schlesinger gehört zur Grundausstattung.

Schlesinger

Ein unverzichtbares Werkzeug ist ein Schlesinger, auch Teigschaber oder Geizhals genannt. Früher wurde der knorpelige Halbmond am Schulterblatt von Rindern verwendet. Moderne Schlesinger sind aus Kunststoff und überall erhältlich. Mit diesen Schlesingern können Sie die Wannen auskratzen und so verhindern, dass zu viel Fett- und Fleischreste in den Abfluss gelangen.

Fülltrichter

Mit solchen Fülltrichtern werden Rotwürste gefüllt.

Um eine Rotwurst in eine Rinderbutte oder in ein Fettende mit größeren Fett- und Fleischstücken oder gar der Zunge zu füllen, brauchen Sie einen Fülltrichter. Dieser ist kurz und gedrungen und wird in den Darm gesteckt und festgehalten. Dann füllen Sie die Wurst mit der Masse. Mit der Hand kann man dann am besten regulieren, dass auch genau die richtigen Menge Einlage in die Wurst kommt und das Anschnittbild später auch gut aussieht.

Wurststipper

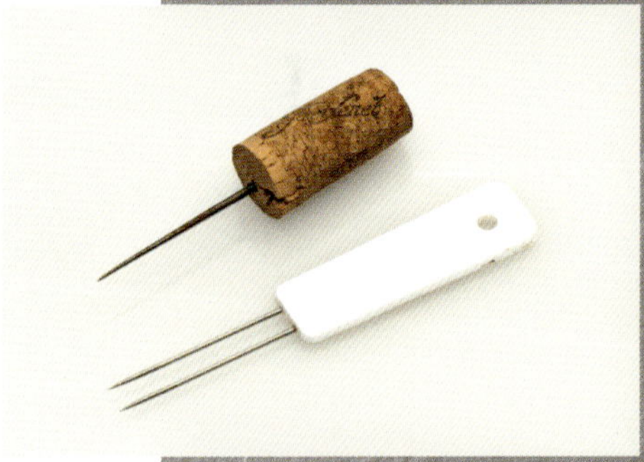

Handelsüblicher und improvisierter Wurststipper.

Mettwürste – nicht die Kochwürste – müssen nach dem Füllen gestippt oder geprickt werden. Dazu nehmen Sie einen Wurststipper und stechen rund um die Wurst Löcher in den Darm. So kann die eingeschlossene Luft entweichen und der Darm legt sich beim Trocknen besser an die Füllung an und folgt ihr nach, wenn die Wurst durch den Wasserverlust schrumpft. Wer keinen Wurststipper besitzt, der kann auch mit einigen Stecknadeln, die in einen Weinkorken gestochen werden, improvisieren.

Eimer

Beim Schlachten braucht man jede Menge Eimer. Auf jeden Fall benötigt man einen unter dem Tisch für die Sachen, die keiner mehr essen mag. Dann einen weiteren mit warmem Wasser, um sich ab und zu die Hände aufzuwärmen und abzuspülen. Praktisch sind lebensmittelechte Eimer mit Innenskala. Wer mehr Geld ausgeben möchte, der sollte einen richtig schweren Eimer aus Edelstahl kaufen, es muss aber ein Ring unten als Standfläche angeschweißt sein, weil er sonst wackelt. Achten Sie darauf,

dass sich die Eimer ineinander stapeln lassen, damit sie nicht so viel Platz im Regal wegnehmen.

Billige Eimer bekommt man oftmals auch kostenlos bei Imbissen, Großküchen oder Eisdielen. Diese waren die Behälter für Sahne, Ketchup oder Fett und sind zum Wegwerfen oftmals zu schade – als Bonus gibt es einen passenden und dicht schließenden Deckel dazu.

Wurstgarn

Um die Würste sauber abzubinden, gibt es spezielles Wurstgarn. Es ist nicht nur lebensmittelrechtlich unbedenklich, sondern hat auch noch andere Qualitäten: Zum einen ist es aus speziellen Fasern gemacht, die dafür sorgen, dass der Darm nicht aus dem Knoten herausrutscht und dass der Knoten überhaupt hält. Zusätzlich kann das Band ohne Probleme mitgekocht werden, wenn die Wurst gebrüht wird. Auf keinen Fall sind Paketband oder Strickgarn mit Plastikanteilen geeignet. Sie sollten immer einen Bestand an verschiedenen Farben vorrätig haben. So können Sie die Würste markieren. Die Rollen werden immer von der Mitte aus angefangen, so halten sie bis fast zum

Ein schwerer, stabiler Eimer zum Händewaschen unter dem Tisch.

Verschiedene Wurstbänder als Rolle.

Schluss zusammen und verheddern nicht. Um aus dem Wurstband etwa 30–40 cm lange Stücke zu schneiden, wird das Band traditionell um ein Gesangbuch gewickelt, dann an einer Seite aufgeschnitten und mit einer Schlaufe an die Wand gehängt. Beim Wurstabbinden befestigen Sie dann das Bündel an einem Träger der Schürze, so sind die Bänder immer griffbereit.

Die Wurstbänder auf Länge geschnitten.

Kellen

Um der Menge der Kesselbrühe Herr zu werden oder das Fett abzuschöpfen brauchen Sie verschiedene Sorten Kellen, von klein bis groß. Messbecher sind ebenso geeignet.

Milchkannen

Um die Schlachtebrühe weiterzugeben, haben sich Milchkannen bewährt. Durch die hohe Form und den eingesetzten Deckel schwappt die Brühe nicht aus der Kanne, wenn die Kinder damit im Dorf herumziehen.

Schwartennetz

Für das Kochen der Schwarten und für kleinere Fleischstücke ist ein Schwartennetz eine praktische Sache. Dieses Netz wird mit den Schwarten gefüllt und in den Kessel gehängt, das Band wird am Rand des Kessels befestigt, damit man mit einem Griff die Schwarten wieder herausziehen kann. In dem Schwartennetz können auch die großen Metzgerzwiebeln abgekocht werden.

Wurstheber

Um die Würste unbeschädigt aus dem Kessel zu nehmen, brauchen Sie einen Wurstheber. Es geht auch ohne, ist aber sicherer, gerade weil bei den frisch gebrühten Würsten die Pelle noch weich ist und sie schnell platzen. Mit einer dicken Rotwurst ist ein einfacher Schaumlöffel überfordert.

Gummischürze

Die Schlachterei ist eine feuchte Angelegenheit, daher sollten Sie sich eine ordentliche Gummischürze beschaffen. Diese gibt es in verschiedenen Größen, sodass jeder eine passende Länge finden kann. Wichtig ist, dass die Schürze vorne über die Gummistiefel reicht, sodass Tropfwasser nicht in die Stiefel laufen kann.

Waagen

Genaues Arbeiten sorgt dafür, dass die Wurst im nächsten Jahr genauso schmeckt wie in diesem Jahr.

Eine ordentliche Waage für das Fleisch und eine zweite, feinere Briefwaage für das Gewürz sind zwingend notwendig. Schreiben Sie auf die Fleischwannen das jeweilige Leergewicht, dann geht das Abwiegen schneller. Genaues Arbeiten sorgt dafür, dass die Wurst im nächsten Jahr genauso schmeckt wie in diesem Jahr. Sie brauchen zwei Waagen, weil die Fleischwaage wenigstens bis 10 kg wiegen muss, 20 kg wäre besser. Beim Fleisch kommt es nicht auf 100 g an. Bei den Gewürzen müssen Sie jedoch teilweise Mengen von nur ½ Gramm pro Kilogramm Fleisch abmessen, was bedeutet, dass die Waage bei 10 kg Fleischmasse 5 g Gewürz sauber abwiegen müsste. Das geht nur mit einer Briefwaage, die auf ein Gramm genau ist, dafür aber dann bei etwa 2 kg aufhört. Aus der eigenen Erfahrung weiß ich, dass elektronische Waagen immer genau dann versagen, wenn man sie braucht. Leider gibt es heutzutage kaum mehr mechanische Waagen zu kaufen, die bis 20 kg wiegen und das ist nun einmal notwendig, um Wurst herzustellen. Wenn Sie eine Ladenwaage besitzen, dann halten Sie diese in Ehren, denn aktuell wird nur noch elektrischer Plunder produziert, bei dem entweder die Batterie leer oder die Anzeige kaputtgefroren ist. Eine Eichung dieser Waagen ist nicht notwendig, Sie können aber mit bekannten Gewichten die Waage selbst überprüfen oder einfach mit fünf Paketen Mehl. Selbst eine ungenaue Waage ist besser als das, was Sie als Ungeübter aus der Hand zustandebringen.

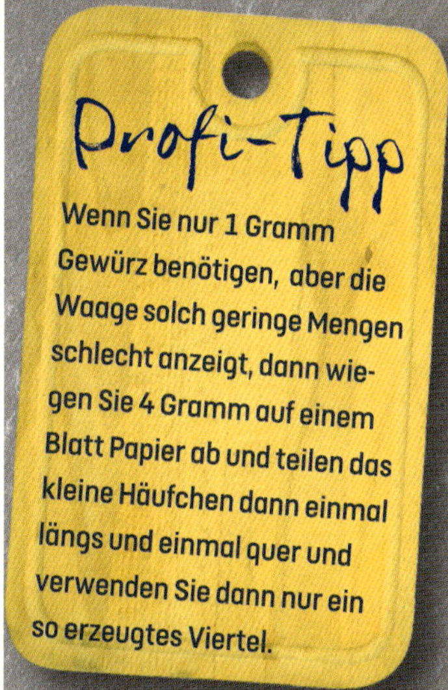

Thermometer

Für den Kochkessel brauchen Sie ein Thermometer, nicht zum Kochen – denn heißer als Kochen geht nicht –, aber zum Brühen bei 80 °C. Die Thermometer aus Glas in einem Kunststoff- oder Drahtkäfig sind nicht nur nicht mehr zeitgemäß, sondern auch noch gefährlich. Wenn sie zerbrechen – und mir ist das zwei Mal passiert – dann liegen die Glassplitter in der Brühe. Besser sind Digitalthermometer mit Fühler – Tradition hin oder her. Damit können Sie auch die Kerntemperatur von Fleisch oder Würsten bestimmen. Solch ein digitales Einstich-Bratenthermometer ist einfach Pflicht und gehört zur Grundausstattung für ein gleichmäßiges und reproduzierbares Ergebnis.

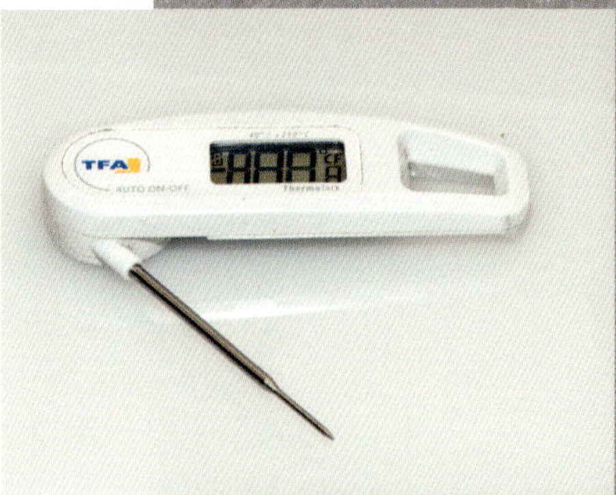

Modernes, digitales Einstich-Thermometer.

Hygrometer

Ein einfaches Hygrometer kostet nicht mehr als 10 Euro, für 20 Euro ist man schon richtig gut bedient. Mit einem solchen Gerät müssen Sie die Luftfeuchtigkeit im Reiferaum nicht schätzen, sondern können sie messen und ggfs. mit einem Luftbefeuchter gegensteuern. So erhalten Sie reproduzierbare Ergebnisse, gerade wenn die Umweltbedingungen in einem Naturkeller schwanken.

Vakuumierer

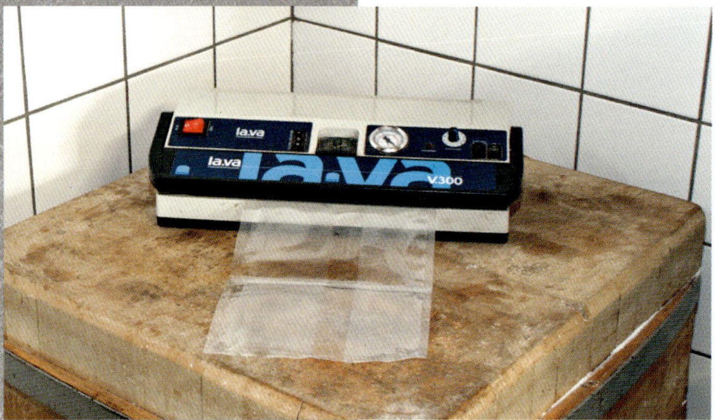

Ein semiprofessionelles Vakuumiergerät für den Einsatz durch Hausschlachter, Jäger oder Selbstvermarkter.

Tiefgefrorenes Fleisch hält sich noch besser und länger, wenn es in Plastikbeuteln vakuumiert wird. Auch das Pökeln ist einfacher, wenn das Fleisch mit der Pökelmischung zusammen vakuumiert wird. Für die Vakuumverschweißung von Tüten gibt es zwei Möglichkeiten: Zum einen gibt es Geräte, die die Luft aus den Tüten absaugen und dann verschweißen. Zum anderen gibt es Geräte, in die mehrere Tüten eingelegt werden, wobei die Öffnungen der Tüten außen liegen. Die Luft wird nach außen gedrückt, um sie dann zu verschweißen. Beide Varianten haben Vor- und Nachteile.

Zu den ersteren: Die Vakuumbeutel werden mit der Öffnung in das Gerät eingelegt und die Luft wird abgesaugt. Sollte sich Flüssigkeit in den Beuteln befinden, dann wird diese auch mit in das Gerät gesaugt, wodurch es verschmutzt, wenn nicht gar zerstört wird. Die Beutel müssen eine Rippenprägung besitzen, damit die Luft überhaupt abgesaugt werden kann. Das lassen sich die Produzenten auch bezahlen, ein solcher Beutel kostet um die 50 Cent. Einfache Geräte gibt es ab 200 Euro, unter 400 Euro sollte man einen Kauf aber nicht in Erwägung ziehen. Billige Geräte können oft nur kleine Tüten zuschweißen, weil sie nicht breit genug sind. Der Bereich der Schweißnaht darf im Inneren nicht mit Flüssigkeit oder Fett verschmutzt sein, da dann die Schweißnaht nicht richtig dicht wird und der Beutel wieder Luft zieht.

Bei den anderen (Profi-)Geräten befinden sich die Tüten im Inneren einer Kammer, dort wird ein Überdruck aufgebaut, der die Luft nach außen drückt, und dann die Tüten verschweißt. Ein solches Gerät kostet ab 2000 Euro, dafür aber die einzelne Tüte nur um die 5 Cent, da diese Siegelrandbeutel keine aufwendige Rippenstruktur benötigen. Ein weiterer Vorteil dieser Kammergeräte ist die Tatsache, dass überschüssige Flüssigkeit nach außen gedrückt wird und keinen Schaden im Gerät anrichten kann. Auch lassen sich bei richtiger Einstellung feuchte Fertiggerichte einschweißen, die dann nur noch in Wasser erhitzt zu werden brauchen. Wenn Sie eines solchen Kammergerätes habhaft werden können, dann sollten Sie sofort zugreifen. Allein aus Kostengründen. Wenn Sie einfache Schnitzel für 4 Euro pro Kilogramm anstatt 4,50 Euro kaufen und einfrieren wollen, dann nützt es nichts, für ein Pfund eine Tüte von 50 Cent mit einem billigen Vakuumierer einzuschweißen, pro Kilogramm machen Sie dann 50 Cent Verlust.

Plastikbecher (Feinkostbecher)

Auf jeden Fall sollten Sie sich im Großmarkt runde Feinkostbecher mit 250 und 500 ml Inhalt beschaffen. Diese eignen sich für etliche Anwendungen. Beispielsweise um Schmalz aufzubewahren, Sülze für den alsbaldigen Verbrauch abzufüllen oder Freunden lose Wurst, Mett oder Schmalz mitzugeben. Sie kosten nur wenige Cent und sind eine echte Alternative zu Plastiktüten oder Gläsern. Mit einem wasserfesten Filzstift lassen sie sich dauerhaft beschriften. Gewürze lassen sich darin bereits gemischt und abgewogen aufbewahren, um sie dann der Wurstmasse beizugeben.

Kapitel 4

Die Gewürze

Die Gewürze

Bei den Gewürzen sollten Sie ausschließlich ungemahlene Ware in 1-kg-Gebinden kaufen und vor Gebrauch in einer elektrischen Kaffeemühle selbst mahlen. Das ist wesentlich günstiger und aromatischer als gemahlene Gewürze in kleinen Gebinden im Supermarkt zu kaufen. Trotzdem ist der Preis für Gewürze in den letzten Jahren gewaltig gestiegen, in einem Jahr ist der Preis für ein Kilogramm Pfefferkörner von etwa fünf Euro auf zehn Euro gestiegen und ein Ende ist nicht in Sicht.

Bei ungemahlenen Gewürzen ist das Haltbarkeitsdatum nicht so wichtig.

Gewürze halten sich gut in Einmachgläsern mit Spannverschluss oder in großen Schraubgläsern. Statt diese zu beschriften schneide ich das Etikett der Verpackung ab und stecke es so in das Glas, dass man es von außen lesen kann. Dadurch habe ich auch immer das Mindesthaltbarkeitsdatum dabei und muss keine Etiketten ablösen, wenn das Glas neu befüllt werden soll. Bei ungemahlenen Gewürzen ist das Haltbarkeitsdatum aber nicht so wichtig, denn diese verlieren in der luftdichten Verpackung kaum an Würzkraft.

Sauber beschriftet behält man bei den Gewürzen die Übersicht.

Verschiedene Kaffeemühlen für das Mahlen der Gewürze

Piment

In Niedersachsen ist Piment eines der Gewürze, ohne das nichts geht. Es ist frisch gemahlen am kräftigsten im Geschmack und bringt etwas Schärfe und ein typisches Nelkenaroma. Daher wird Piment auch als Nelkenpfeffer bezeichnet.

Kümmel

Wenn in Niedersachsen Piment das Gewürz der Wahl ist, dann ist es in den neuen Bundesländern und in Bayern der Kümmel. Er wird meist ganz oder grob gestoßen verwendet, wobei er im Mörser nur schwer zu zerstoßen ist, eine Kaffeemühle ist besser geeignet. Kreuzkümmel (Cumin) hat mit Kümmel übrigens nichts zu tun und ist nicht jedermanns Sache.

Muskatnuss und Muskatblüte

Bei den Muskatnüssen ist es besonders wichtig, diese frisch zu reiben, auch wenn das etwas Aufwand bedeutet, der Geschmack ist dafür deutlich besser. Die Haut um die Muskatnuss wird schon bei der Herstellung abgezogen, getrocknet und als Muskatblüte oder Macis verkauft. Die Muskatnüsse sind mit einer Kaffeemühle schwer zu mahlen und wer regelmäßig mehr davon braucht, der sollte sich ein 1-kg-Gebinde kaufen, einen Jahresvorrat davon entnehmen und den Rest der geöffneten Tüte vakuumieren. Wenn man das geschickt macht und die Tüte dann ganz knapp unter der Schweißnaht auftrennt, um etwas zu entnehmen, kann man dieselbe Tüte mehrfach wieder vakuumieren, wobei sie allerdings immer einige Zentimeter kürzer wird.

Frisch gemahlen ist Muskatnuss immer noch am aromatischsten. Die Haut der Muskatnuss wird abgezogen, getrocknet und als Macis verkauft.

Senfkörner

Gelbe Senfkörner sind in vielen Würsten zu finden. Entweder werden sie im Vorfeld mit Pfeffer in einer Gewürzmühle gemahlen oder sie kommen im Ganzen in das Brät. In diesem Fall dürfen Sie die Körner erst nach dem Wolfen in die Masse einarbeiten, weil sonst zu viele Körner zerbrochen werden. Auch ist es hilfreich, die Senfkörner vorher zwei Stunden in

Wasser einzuweichen. Beachten Sie aber, dass sich die Gewichtsangabe im Rezept auf getrocknete Körner bezieht.

Pfeffer, schwarz und weiß

Pfeffer gibt es in verschiedenen Farben. Der bekannteste ist der schwarze Pfeffer, der frisch gemahlen seinen typischen Geruch und Geschmack am besten entfaltet. Der weiße Pfeffer ist etwas schärfer im Geschmack und wird besonders fein gemahlen für helle Würste verwendet, in denen die schwarzen Pfefferstücke unappetitlich aussehen würden. Der grüne Pfeffer ist in einer salzig-sauren Soße eingelegt und eher als eine Zutat denn als ein Gewürz zu sehen. Bei der Verwendung in Gerichten sollten Sie den grünen Pfeffer erst abseihen und dann die Körner einmal aufkochen, damit sie den sauren Geschmack des Essigs verlieren. Die roten Pfefferkörner werden fast ausschließlich als Deko auf dem Tellerrand verwendet und spielen als Gewürz beim Wursten keine Rolle.

Thymian

Thymian gibt der Knackwurst ihren typischen Geschmack. Auch wenn der Thymian aus dem Garten frisch zu haben ist, sollten Sie hier auf gut getrocknete Ware zurückgreifen, um immer die gleiche Menge zugeben zu können. Es ist schon ein Unterschied, ob die Wurst mit 2 Gramm frischem oder getrocknetem Thymian gewürzt wird.

Majoran

Majoran passt hervorragend zu Schweinefleisch und ist eine wichtige Zutat für frische Bratwurst, besonders in den neuen Bundesländern. Auch hier sollten Sie auf den getrockneten Majoran zurückgreifen.

Wacholder

Bei Wacholder handelt es sich um die Beeren des Wacholderstrauches. Wer diese selbst pflücken möchte, der muss wissen, dass die Beeren drei Jahre brauchen, um zu reifen. Im ersten Jahr sind sie grün, im zweiten Jahr rot und erst im dritten Jahr schwarz und können dann geerntet werden. Wie heißt es so schön: „Die roten sind auch noch grün". Das Gewürz schmeckt harzig und sollte den Speisen entweder ganz fein gemahlen beigegeben werden oder in einem Gewürzsäckchen, denn es ist schon ziemlich unangenehm, im Sauerkraut auf eine Wacholderbeere zu beißen.

Um Wacholderbeeren in einer elektrischen Kaffeemühle zu mahlen, sollten Sie sie mit dem Pfeffer mischen, denn durch die zähe Konsistenz und den hohen Öl- und Harzgehalt sind sie schlecht alleine zu verarbeiten.

Nelken

Nelken sind als Gewürz für einige regionale Leber- und Blutwurstspezialitäten von Bedeutung. Der Name kommt aus dem Mittelalter, als sie als „Näglein" bezeichnet wurden im Hinblick auf die Ähnlichkeit mit handgeschmiedeten Nägeln. Heutzutage assoziiert man Nelken mit Glühwein und Weihnachtsbäckerei, dabei ist dieses Gewürz schon immer für Fleisch und auch Fisch verwendet worden. In diesem Buch wird stattdessen häufig Piment, der Nelkenpfeffer, verwendet, was die Beigabe von Nelken überflüssig macht.

Zimt

Zimtstangen sind ebenfalls – wie Nelken – als Gewürz der Weihnachtszeit bekannt. In vielen Kulturen wird damit aber auch Fleisch gewürzt. Bei uns ist Zimt in einigen Leber- und Rotwurstrezepten notwendig.

Koriander

Der zitronige Geschmack von Koriander ist nicht jedermanns Sache, aber in der Burenwurst ist er zwingend notwendig. Kaufen Sie Koriander grundsätzlich im Ganzen und rösten Sie die Körner vor der Verwendung in einer trockenen Pfanne unter ständigem Rühren, bis sich ein herrlicher Duft entwickelt. Kurz abkühlen lassen, dann mahlen und dem Wurstbrät beigeben.

In Rum eingelegter Knoblauch als Zugabe für Rohwurst kann auch auf Vorrat hergestellt werden.

Chili und Chilischoten

Beim Thema Chili gibt es einiges klarzustellen. In den USA bezeichnet man die Gewürzmischung für Chili con Carne oft als Chili-Pulver. Es enthält neben gemahlenen Chili-Schoten auch Salz, Paprika und andere Zutaten und Streckmittel. Mit den verschiedenen Chili-Gewürzmischungen auf ein reproduzierbares Ergebnis zu kommen ist schwierig. Pfeffer ist überall auf der Welt Pfeffer, bei Chili ist das leider nicht der Fall. Es gibt dutzende, wenn nicht hunderte verschiedene Sorten von Chili-Schoten. Sie werden geschrotet oder gemahlen und dann als Gewürz verwendet. Da die Schärfe je nach Sorte sehr unterschiedlich ist, ist eine Würzung mit Chili nicht planbar. Sollten Sie trotzdem mit Chili würzen wollen, sollten Sie eine relativ milde Sorte nehmen, denn davon muss man mehr nehmen, um Schärfe in das Essen zu bekommen, dafür lässt sich die Menge wesentlich leichter dosieren.

Knoblauch

Knoblauch ist ein Gewürz, das nicht einfach so in die Masse von Rohwürsten gegeben werden kann, denn das kann zu Verderb führen. Besser ist es – und hat sich bewährt – die benötigte Anzahl Knoblauchzehen zu schälen, zu pressen und für zwei Tage in Weinbrand oder Korn einzulegen. Gewürzt wird dann nur mit der gesiebten, aromatisierten Spirituose. So vermeiden Sie, dass der Knoblauch in der Wurst fault oder einen bitteren Beigeschmack bildet. Weiterhin sollten Sie den Knoblauch – wenn Sie ihn denn pur in einer Wurst verwenden möchten – vor dem Wolfen pressen, da die grobe Scheibe des Fleischwolfes den Knoblauch nur in große Stücke schneidet und dann in einer Wurstscheibe ein großes Stück Knoblauch den Geschmack zu intensiv macht und in anderen Teilen der Wurst überhaupt kein Aroma ankommt. Bei Schinken geben Sie den Knoblauch roh dazu, das schadet nichts.

Zwiebeln

Bei Zwiebeln in der Wurst ist Vorsicht angebracht. In einer Bratwurst, die zum sofortigen Verzehr bestimmt ist, ist es kein Problem, Zwiebeln und Knoblauch roh zu verarbeiten. In Rohwurst hat sie aber auf keinen Fall etwas zu suchen. Dort führen diese Beigaben unweigerlich dazu, dass die Ware verdirbt. Bei gekochten Wurstwaren ist es kein Problem, da die Dosen sterilisiert werden, denn dabei wird auch die Zwiebel in dem Wurstbrät sterilisiert. Bei Brüh- und Kochwürsten sollten Sie hingegen die Zwiebeln vorkochen. Geben Sie sie einfach mit dem Fleisch für eine halbe Stunde in den Kochkessel. Wenn Sie die Zwiebeln noch dazu in ein engmaschiges Kesselnetz füllen, dann können Sie diese mit einem Griff entfernen und abkühlen lassen. Das Vorkochen hat noch einen anderen Effekt: Bei Bregenwürsten beispielsweise, die aus angekochtem oder rohem Fleisch bestehen und erst kurz vor dem Verzehr gegart werden, entwickelt sich nach ein oder zwei Tagen im Kühlschrank ein unangenehm bitterer Beigeschmack, der durch das Vorkochen verhindert wird.

Links: Die Zwiebeln werden im Schwartennetz vorgekocht.

Oben: Gebrühte Zwiebeln für die Weiterverarbeitung.

Pökelsalz oder normales Salz?

Die Frage, ob man für selbstgeschlachtete Wurst unbedingt Pökelsalz verwenden will, muss jeder für sich selbst entscheiden. Gerade bei Sülzen oder anderen Kochwürsten ist der Farbunterschied sehr deutlich zu erkennen. Die Sülze mit Pökelsalz ist rot und die ohne Pökelsalz grau/braun. In der professionellen Metzgerei wird fast nur Pökelsalz verwendet, weil der Endverbraucher durch jahrzehntelange Gewöhnung der Meinung ist, dass rote Sülze appetitlicher aussähe als graue. Bei gekochter Wurst hat das Pökelsalz außer der Farbgebung keine andere Aufgabe. Beim Herstellen von Rohwurst und Schinken ist der Nitrit-Anteil in dem

Salz für ein schnelleres Umröten und damit auch für eine bessere Haltbarkeit verantwortlich. Bei Rohwurst und Schinken ist die Farbe am Ende nicht anders, aber bei gekochten Sorten ist der Unterschied sehr auffällig. Schinken kann auch ohne Pökelsalz, nur mit Meersalz oder Pfannensiedesalz, hergestellt werden, das hat keine Auswirkungen auf die Qualität.

Das freie Nitrit im Körper legt sich an die roten Blutkörperchen und zerstört deren Möglichkeit für den Sauerstofftransport.

Früher wurde bei der Wurstherstellung Salpeter ($NaNO_3$), also Natriumnitrat (E251), gelegentlich auch Kaliumnitrat (E249) zugesetzt. Dieses muss erst in der Wurst von Bakterien in Nitrit ($NaNO_2$) umgewandelt werden, denn dieses Nitrit ist es, das den Umrötungsprozess in Gang setzt. Bei einer Überdosierung von Salpeter wird nur so viel zu Nitrit umgesetzt, wie die Bakterien in der Lage sind, eine Vergiftung kam praktisch nicht vor. Als man den Wirkungsmechanismus verstanden hatte und statt Nitrat das sofort wirksame Nitrit verwendete, behielten die alten Schlachter die Menge bei, sodass viel zu viel Nitrit in der Wurst verblieb und vom Menschen aufgenommen wurde. Das freie Nitrit im Körper legt sich an die roten Blutkörperchen und zerstört deren Möglichkeit für den Sauerstofftransport. Bei Erwachsenen ist das nicht so dramatisch wie bei Säuglingen und Kleinkindern. Trotzdem ist die Gefahr vorhanden und sollte nicht unterschätzt werden. Da man das Nitrat und das Nitrit nicht schmeckt, wird heutzutage das Nitrit-Pökelsalz mit definierter Zumischung von Nitrit (auch E250) hergestellt und sollte auch verwendet werden. Seit 1980 darf das Nitrit fertig gemischt nur noch als 0,5 % Bei-

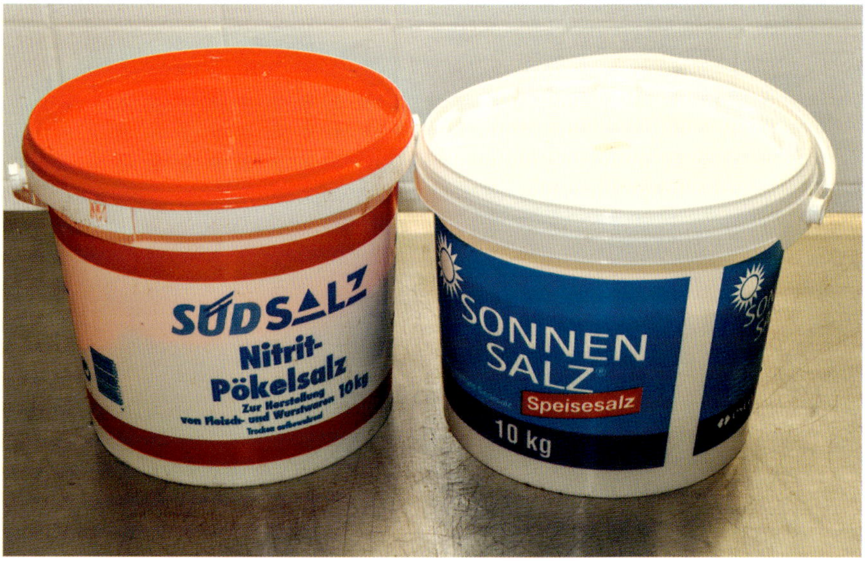

mischung zum Pökelsalz verkauft werden. Die Wirkung ist ganz einfach: Wenn zu viel Nitrit in der Wurst vorhanden ist, dann ist sie auch so salzig, dass man sie nicht essen kann.

In Amerika wird das Pökelsalz als „Pink Salt" bezeichnet, nicht weil die Würste hinterher Pink wären, sondern weil diesem Salz pinkfarbene Flocken beigemischt sind, um die Verwechslung mit normalem Speisesalz zu vermeiden.

Wenn zu viel Nitrit in der Wurst vorhanden ist, dann ist sie auch so salzig, dass man sie nicht essen kann.

Ich verwende für das Würzen meiner Würste gerne das Pfannensiedesalz, das natürlich deutlich teurer ist als das einfache Salz in großen Gebinden. Für das Einsalzen der nicht verwendeten Därme reicht das billige Salz völlig aus. Es ist nicht besonders ökonomisch, für das Einsalzen von Därmen im Wert von einen Euro 1 kg Pfannensiedesalz zu verwenden, das fast 5 Euro pro Kilogramm kostet.

Reines Pfannensiedesalz ohne Zusätze, dafür mit allen Inhaltsstoffen, die bei natürlichem Salz vorkommen.

Hier sieht man den Unterschied von normalem Salz und Pfannensiedesalz ohne Zusätze: Links das feine und rieselfähig behandelte „normale" Tafelsalz und rechts das naturbelassene, durch die Beimischungen leicht bräunliche und klumpende Tiefensalz aus Natursole.

Um die Wirkung von Nitrit-Pökelsalz zu zeigen, haben wir ein Stück Fleisch in gleiche Teile geschnitten, hier vor dem Kochen im Rohzustand

Nach zehnminütigem Kochen in normalem Salzwasser ist das linke Stück vergraut, das rechte Stück aus dem Topf mit Pökelsalz ist umgerötet und „appetitlich“ rosa.

Zucker

Für die richtige Reifung von Rohwürsten ist der pH-Wert wichtig, der durch die von Milchsäurebakterien ausgeschiedene Milchsäure bestimmt wird. Damit die kleinen Tierchen etwas zu fressen haben, müssen wir Zucker zugeben, denn der Milchzucker im Gewebe ist beim Übergang vom Warmfleisch zum Kaltfleisch aufgebraucht, ohne dass die Bakterien davon etwas abbekommen hätten. Bei Warmfleisch ist der Zuckerzusatz nicht notwendig, da dort noch körpereigener Zucker vorhanden ist. Geschmacklich tritt der Zucker nicht in Erscheinung, weil er abgebaut wird. Bei Leberwurst mit einem höheren Leberanteil kann diese leicht bitter schmecken, was durch Zucker oder Vanillezucker (etwa 2–4 g pro kg) ausgeglichen werden kann.

Eis

Für das Hausschlachten ist Eis manchmal hilfreich. Aber nicht in dem Sinne wie beim Kuttern, wo Eis zugegeben wird, weil es erstens die Temperatur des Bräts herunterkühlt, aber auch, weil es natürlich billiges Gewicht bringt. In 10 kg Brät mit guter Bindung lassen sich problemlos 2 kg Eis einarbeiten, ohne dass es auffällt.

Das Eis kühlt die Kesselbrühe herunter, damit die Würste gebrüht werden können.

Beim Hausschlachten brauchen Sie Eis, um die Kesselbrühe abzukühlen, damit Sie die Würste brühen können. Das Fleisch wird bei 100 °C gekocht, beim Brühen brauchen Sie aber Temperaturen zwischen 70–80 °C. Dazu frieren Sie in 5-l-Eimern immer 3–4 Liter Wasser in der Tiefkühltruhe ein. Diese Eisbrocken werfen Sie dann in die Brühe und lassen Sie dort schmelzen, das kühlt gut und verwässert die Brühe nicht so stark, als wenn Sie mit Wasser zu kühlen versuchen. Um die Würste nach dem Brühen auszukühlen, können Sie in die Wasserwanne etwas Eis füllen. Das ist aber nur an warmen Tagen notwendig, denn wenn Sie die Wanne in den Schnee stellen können, ist das natürlich überflüssig.

Kapitel 5

Die Därme

Welche Därme verwenden?

Eine Hukki-Wursthülle 90/50 ist im Durchmesser 90 mm stark und 50 cm lang

Bei der Hausschlachtung kommt man eigentlich mit wenigen Sorten Därmen aus, früher sogar nur mit den Därmen, die von dem geschlachteten Schwein stammten. Ein Schwein kann komplett in seine eigenen Därme gefüllt werden! Heute ist das Säubern der Därme nicht mehr üblich und der gesamte Aufbruch wird nach der Fleischbeschau vernichtet. Die Därme kommen hauptsächlich aus China (Rind und Schwein) oder Iran/Irak bzw. Neuseeland (Schaf). Schweinedärme werden in den Sortieranstalten aufbereitet, mit Luft aufgeblasen und das Kaliber gemessen. Das Kaliber bezeichnet den Durchmesser des aufgeblasenen Darms in Millimetern, wobei meist zwei Zahlen angegeben werden, weil sich ein Naturprodukt nicht ganz exakt zusammenstellen lässt. Beispielsweise ist ein Rinder-Kranzdarm im Kaliber 40/43 aufgeblasen zwischen 40 und 43 mm dick. Dann werden diese eingesalzen und zu Bünden von 100 Yards Länge (91,4 Meter) zusammengebunden. So eingesalzen halten sich die Därme lange Zeit. Zum Füllen legt man die Därme in handwarmes Wasser, um das Salz zu entfernen und die Därme wieder geschmeidig zu machen. Bei Natur- und Kunstdärmen, die schon auf Länge geschnitten und an einem Ende abgebunden sind, bezeichnet die erste Zahl das Kaliber in Millimetern und die zweite Zahl die Länge in Zentimetern, so ist eine Hukki-Wursthülle 90/50 im Durchmesser 90 mm stark und 50 cm lang.

Als gutes Anfangssortiment reichen für ein halbes Schwein:

- Fett-Enden für die Rotwurst
- Schweine-Dünndarm 28/30 für Bratwurst, Bregenwurst, Mettenden und Knackwurst
- Rinder-Kranzdarm 40/43 für Mettwurst im Ring und Leberwurst
- Hukki-Därme 50/40 für eine Stracke Mettwurst

Naturdarm

Bei den Naturdärmen gibt es jede Menge unterschiedlicher Sorten, die auch immer etwas anders ausfallen. Selbst aus ein und dersel-

Dieselbe Mettwurstmasse in Schafsaitlingen als Snack zum Bier, als Mettenden für die Suppe im Schweinedünndarm, als Mettwurst im Ring im Rinder-Kranzdarm und im Hukki-Kunstdarm als Stracke.

ben Tüte gibt es Därme, die deutlich dünner sind und leichter reißen, während andere stabil und reißfest sind. Weiterhin gibt es bei jedem Tier verschiedene Darmabschnitte, die unterschiedliche Eigenschaften und Durchmesser besitzen. Dann gibt es noch die drei Tierarten: Rind, Schwein und Schaf. Damit kommt man schon auf eine enorme Anzahl von Sorten, die man verwenden kann. Als Anfänger sollten Sie zuerst mit der Fertigung von Bratwurst beginnen, die in Schweine-Dünndärme Kaliber 28/30 gefüllt werden.

Schafdärme

Saitlinge

Als Saitlinge bezeichnet man die Därme des Schafs. Die meisten heute verarbeiteten Saitlinge kommen aus China, Neuseeland oder Iran/Irak, weil dort traditionell viele Schafe gehalten und geschlachtet, aber nicht zu Wurst verarbeitet werden und die Därme deshalb übrig bleiben. Saitlinge werden vorwiegend für Bockwürstchen oder Nürnberger Bratwürstchen verwendet, aber auch für kleine Knabberwürstchen und Landjäger.

Die meisten Saitlinge kommen heute aus China, Neuseeland oder Iran/Irak.

Schweindärme

Schweinedünndarm

Für Brat- und Bregenwürste ist Schweinedünndarm die erste Wahl. Das Kaliber liegt knapp über oder knapp unter 30 mm und ist prädestiniert für Würste mit einer lockeren Füllung. Aber er wird auch für Rot-, Leber- und Knackwürste verwendet.

Schweinekrausen

Für rustikale Wurstsorten eignen sich Schweinekrausen, die an den Falten an ihren Seiten leicht zu erkennen sind. Nach dem Kochen der Leberwurst nimmt diese recht dicke Wursthülle auch gut Rauch auf. Geliefert wird die Schweinekrause entweder im Stück (etwa 3 Meter) oder schon fertig geschnitten und an einem Ende abgebunden.

Fett-Enden

Das letzte Ende des Schweinedarms mit dem Weidloch ist das Fett-Ende. Es besitzt ein Fettpolster und Bindegewebe und daher eine sehr dicke Wandung. Durch das anhaftende Darmfett, das bei längerer Lagerung zum Ranzigwerden neigt, sind Fett-Enden nicht für Mettwürste mit langer Reifezeit geeignet, sondern werden für Schlackwurst (eine schnell gereifte und relativ weich verzehrte Mettwurst) oder dicke Leber- und Rotwürste verwendet. Die meisten Fett-Enden kommen heutzutage fertig abgebunden aus China.

Blasen

Schweineblasen werden getrocknet verkauft und dienen in der italienischen Metzgerei dazu, den berühmten Cutatello einzupacken. In Deutschland wird in dieser Blasenwurst wie Mettwurst oder Rotwurst abgefüllt.

Mägen

Schweinemägen sind seit der Kanzlerschaft des Oggersheimers Helmut Kohl als Pfälzer Saumagen weltweit bekannt.

Wurst in Schweinemägen ist seit der Kanzlerschaft des Oggersheimer Urgesteins Helmut Kohl als Pfälzer Saumagen weltweit bekannt. Heutzutage kann man die Schweinemägen gesalzen kaufen und als Wursthülle verwenden. Sie sind schon füllfertig abgebunden und können nach dem Wässern verwendet werden.

Hammelmägen werden für das schottische Nationalgericht Haggis verwendet, das ist hier aber eher unüblich.

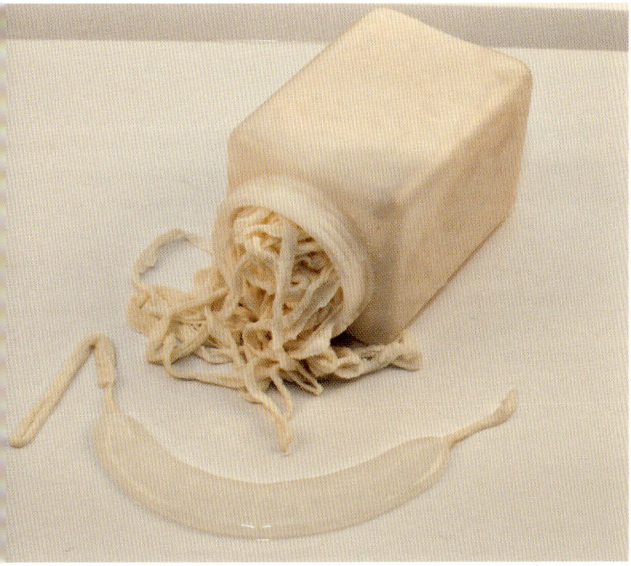

Links: Schweinedünndarm
Rechts: Schweinekrause

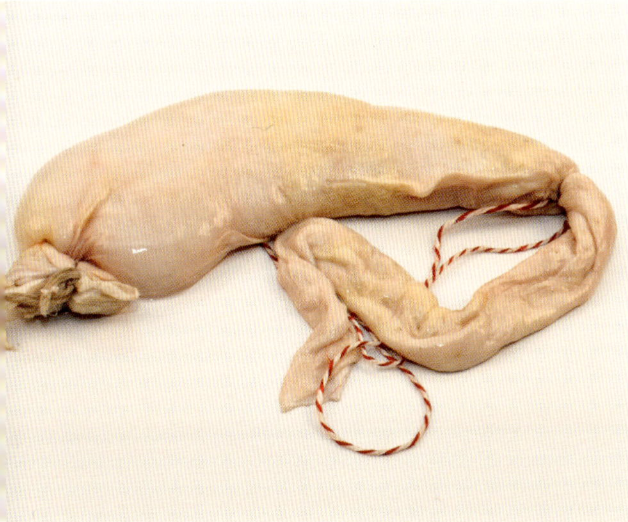

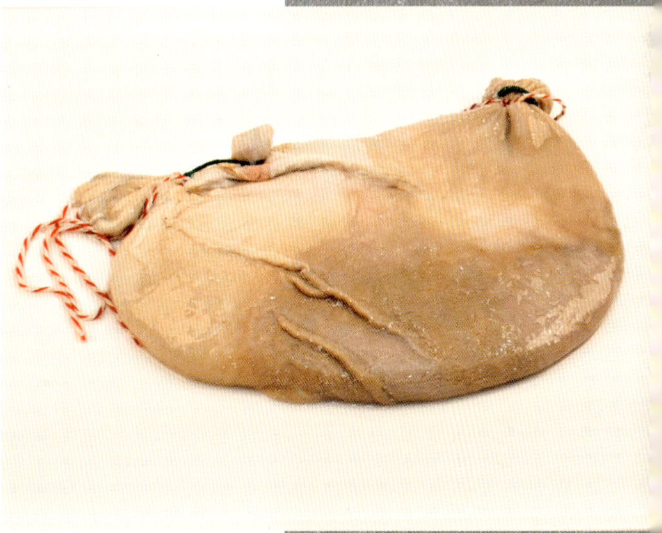

Links: Fett-Ende
Rechts: Schweinemagen

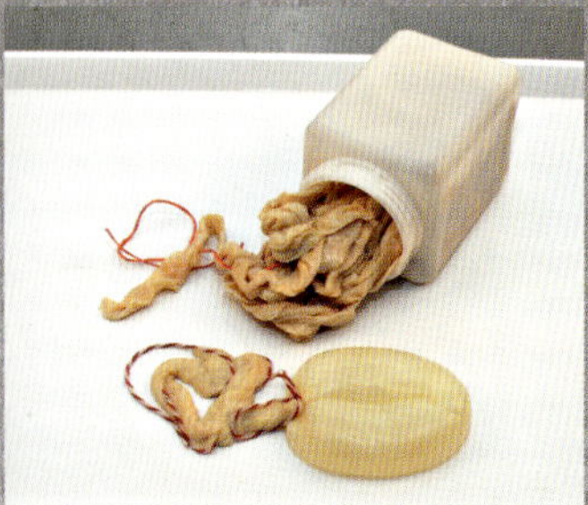

Rinderkranzdarm

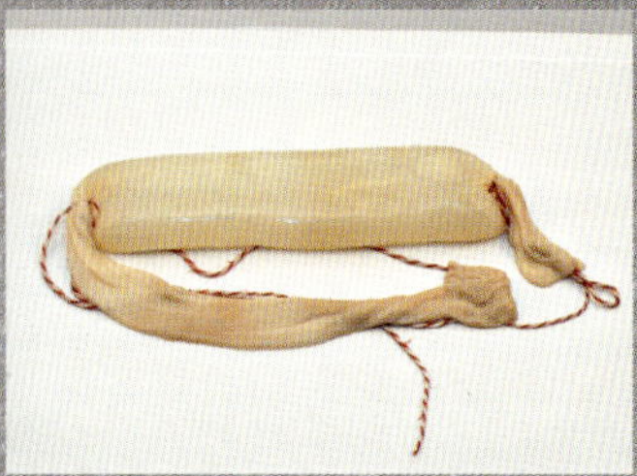

Rindermitteldarm

Rinderbutten

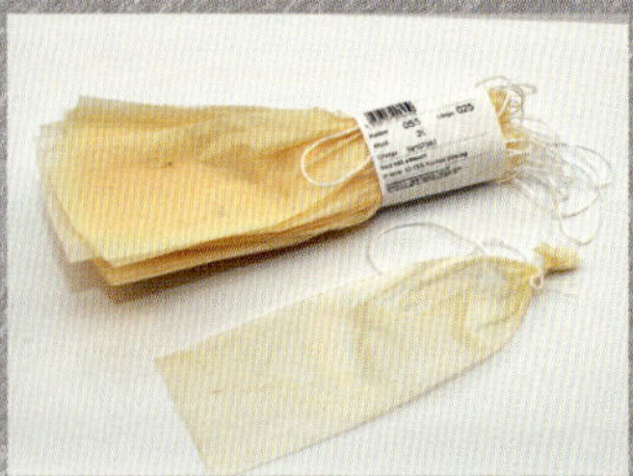

Hukki-Därme

Rinderdärme

Rinderkranzdarm

Der Rinderkranzdarm ist die Darmsorte, die für Mettwürste im Ring häufig Verwendung findet. Er ist mit dem Kaliber ab 40 mm etwas dicker als der Schweinedünndarm, aber im Biss noch sehr dünn, sodass er mitgegessen werden kann, aber dennoch eine stramme Füllung verträgt.

Rindermitteldarm

Der Rindermitteldarm ist eine Sorte mit größerem Kaliber, um die 50 bis 60 mm, und wesentlich fester als Schweinedärme. Dadurch ist man in der Lage, die Salami so fest zu stopfen, dass sich keine Löcher im Inneren bilden können. Aber auch für Rotwürste ist diese Sorte geeignet.

Rinderbutten

Rinderbutten sind Blinddärme vom Rind, die in einem recht großen Kaliber gehandelt werden. Diese sind entweder für sehr dicke Würste (Sülze, Rotwurst) gedacht oder als Hülle für den italienischen Schweinenacken Coppa. Die Rinderbutten sind relativ teuer und haben eine ungünstige Länge, da sie für eine Wust meist zu lang jedoch für zwei zu kurz sind. Hier sollten Sie die erste Füllung nicht zu lang machen, dann abbinden, nach einem Zentimeter mit einem weiteren Band abbinden und dazwischen abschneiden, um dann die zweite Füllung einzustopfen.

Kunstdarm

Hukki-Därme

Für die Stracke Mettwurst werden überwiegend Kunstdärme verwendet. Diese werden von Naturin in verschiedenen Kalibern gefertigt, es gibt aber auch andere Hersteller, aber der Ausdruck „Hukki" hat sich für diese Därme durchgesetzt wie „Tempo" als Synonym für Papiertaschentücher steht. Eine Seite ist mit einer Schlaufe abgebunden, die andere Seite zum Füllen offen. Da diese Därme pro Stück schon über 50 Cent kosten, sollten Sie die Därme bei der Kalkulation berücksichtigen.

Sterildarm

Sülze und ähnliche Wurstsorten können auch in Sterildärme abgefüllt werden, was aber bei der Hausschlachtung seltener vorkommen wird. Die Sterildärme sind meist sehr groß und werden in der Industrie eingesetzt, um beispielsweise Mortadella für die Fleisch-Theken in den Supermärkten zu fertigen. Diese sind für den heimischen Bedarf einfach zu groß. Hier füllt man besser Dosen und Gläser.

Sterildarm

Geklebte Därme

Die geklebten Därme nehmen eine Zwischenstellung bei den Natur- und Kunstdärmen ein. Es handelt sich um Saitlinge oder Schweindünndärme, die industriell geklebt werden. So können sie dank der einheitlichen Größe auch industriell verarbeitet werden. Besonders die Sorten für Mettwürste sind beliebt, da sie sich beim Trocknen nicht vom Brät lösen, wie das bei Hukki-Därmen durchaus vorkommen kann. Sie haben ein rustikales Aussehen und können mitgegessen werden. Sie nehmen Rauch besonders gut an und lassen sich mit Schimmelkulturen impfen. Bei den meisten so hergestellten Därmen ist das eine Ende geschlossen, sodass Sie beim Zuknoten eine Schlaufe anbringen müssen. Das ist aber mit der richtigen Knotentechnik einfach zu bewerkstelligen. Die geklebten Därme sollten nur wenige Sekunden vor der Füllung gewässert werden, damit die Verklebung nicht aufgeht.

Geklebte Därme

Kapitel 6

Dosen und Gläser

Hintergrundwissen

Gläser sind auf Dauer billiger, Dosen sind strapazierfähiger

Gläser müssen mit dem Deckel nach oben eingekocht werden.

Bei eingekochter Wurst gibt es zwei Möglichkeiten: Entweder Sie nutzen Dosen oder Gläser.

Ein einfaches Glas mit Twist-off-Verschluss kostet 20 bis 30 Cent und ein Deckel kostet rund 15 Cent, beides lässt sich aber meistens wiederverwenden. Vor dem Wiederbefüllen muss das Glas lediglich gereinigt werden. Eine mittlere Dose kostet etwa 40 Cent und der passende Deckel 15 Cent und der Deckel kann nicht wiederverwertet werden. Vor dem Wiederbefüllen muss die Dose gereinigt und abgeschnitten werden. Bei den Kosten ist das Glas deutlich im Vorteil, aber die Dosen sind strapazierfähiger, dafür kostet die Wiederbefüllung einer Dose jedes Mal einen neuen Deckel. Zusätzlich hat die Dose einen Wegwerf-Charakter und wird, wenn sie ein Geschenk war, nicht zurückgegeben. Bei Gläsern erhält man diese meist zurück, vermutlich weil sich die Beschenkten eine Wiederbefüllung erhoffen.

Sollten Sie nur zum Probieren in der Haushaltsküche einige Kilogramm Wurst machen, dann ist ein Glas deutlich im Vorteil: Sie brauchen keine Dosenverschlussmaschine und die Gläser sind deutlich billiger in der Anwendung. Wenn Sie nur 15 oder 20 Gläser gefüllt haben, dann passen diese auch in einen einfachen Einkochautomaten. Sie haben auch die Zeit und Ruhe, diese vorsichtig einzustapeln und mit dem Deckel nach oben zu kochen. Die Gläser dürfen nicht einfach so wild in den Kessel gekippt werden. Zum einen können sie dadurch zerbrechen. Das wäre an sich schon schlimm, aber noch dramatischer wäre es, wenn die Gläser mit dem Deckel zur Seite oder nach unten zu liegen kommen. Die Wurstmasse dehnt sich dann aus, die Luftblase ist immer oben, sodass die Masse nach unten aus dem Deckel gedrückt wird und dieser nicht mehr richtig schließt. Diese Gläser gehen dann später im Regal hoch und verderben.

Bei Dosen ist der Verschluss so fest, dass Sie diese einfach vorsichtig in den Kessel gleiten lassen können, um sie dort zu kochen. Ob der Deckel oben, unten oder seitlich zu liegen kommt, ist dabei unerheblich.

Das „Zukochen" ist ganz einfach: Für eine Kesselkonserve mit 12 Monaten Haltbarkeit im kühlen Keller bei unter 10 °C legen Sie die zugedrehten Dosen einfach in einen Kessel mit Wasser und lassen diese kochen. Das Wasser muss aufwallen und zwar die ganze Zeit. Wenn einige Dosen schwimmen, müssen Sie diese entweder unter Wasser drücken, dabei hilft ein Schwimmdeckel, oder Sie schließen den Deckel des Kessels. Bei einer Feldküche ist das gut zu bewerkstelligen. Der Deckel wird verschlossen und der Dampf entweicht über das Überdruckventil, sodass auch der Raum über dem Wasser 100 °C erreicht. Eine 300-Gramm-Dose sollte 90 Minuten im sprudelnd kochenden Wasser gekocht werden, eine 400-Gramm-Dose 120 Minuten. Es gilt: Lieber länger als zu kurz. Eine längere Kochzeit führt jedoch nicht zu einer längeren Haltbarkeit. Eine längere Haltbarkeit (Voll- und Tropenkonserven) kann nur durch eine höhere Kochtemperatur erreicht werden, was einen Autoklaven – einen großen Druckkochtopf – erforderlich macht. Damit werden die notwendigen Temperaturen bis 121 °C erreicht, aber nur bei entsprechendem Druck. Somit ist diese Form der Haltbarmachung der Industrie vorbehalten. Diese Dosen werden als Vollkonserve bezeichnet und sind ohne Kühlung 2 Jahre lang haltbar.

Eine längere Kochzeit führt nicht zu einer längeren Haltbarkeit.

Dosen können im Kessel schwimmend zugekocht werden, sie müssen aber komplett untergetaucht werden.

Wenn Sie die Dosen nach dem Kochen aus dem Kessel nehmen, müssen diese alle paar Minuten beim Auskühlen gedreht werden, damit das Fett sich nicht zu sehr absetzt. Wichtig ist, dass die Dosen zum Schluss auf der Oberseite – mit dem Deckel nach unten – liegen. Wenn man dann die Dose vom Deckel aus öffnet, erscheint sie voll und das Fett liegt unten, das macht einen besseren Eindruck bei Kunden und Freunden.

Dosen

Stapelbare Dosen passen nicht in jede Verschlussmaschine.

Bei den Dosen ist der Vorteil, dass man damit nicht so zimperlich umgehen muss wie mit den zerbrechlichen Gläsern. Allerdings ist das Zudrehen der Dosen mit der Büchsenverschlussmaschine zeitraubender. Gerade bei kleinen Mengen ist der Aufbau und das Einrichten der Maschine verglichen zu dem Nutzen sehr zeitintensiv, es sei denn, man kann die Maschine stehen lassen und braucht diese nicht ständig wieder wegzuräumen.

Bei der linken Dose sieht man deutlich den eingezogenen Boden, um das Stapeln zu ermöglichen.

Stapeldosen

Neben den normalen Dosen gibt es stapelbare Dosen, die einen eingezogenen Boden aufweisen und damit in den Deckel der unteren Dose gestellt werden können. Das ist besonders für die Industrie praktisch. Diese Dosen passen aber nicht ohne weiteres in jede Dosenverschlussmaschine, Sie sollten das daher vorher unbedingt prüfen. Nicht dass Sie den Tisch mit 150 Dosen vollgestellt haben, um dann am Samstagnachmittag festzustellen, dass der Boden der Dose nicht in die Halterung passt. Als Zwischenlösung können Sie eine normale Dose unten auf den Teller stellen und auf diese eine stapelbare Dose zum Zudrehen setzen.

Spardosen

Wenn eine Dose innen beschädigt oder verschmutzt und für das Einkochen nicht mehr geeignet ist, dann verschließen Sie diese Dose mit einem Deckel und machen ein Schlitz hinein. Früher bekamen die Kinder häufig eine leer zugedrehte Dose mit einem Schlitz im Deckel als Spardose.

Deckel

Bei den Dosen gibt es jede Menge Deckel, die schon vom Werk aus mit der Inhaltsangabe bedruckt wurden. Das ist eine praktische Sache, spart Zeit und gibt dem hausgeschlachteten Produkt ein professionelles Aussehen. Trotzdem sollten Sie Blanko-Deckel mit einem weißen Beschriftungsfeld bereithalten, wenn Ihnen eine Sorte ausgeht oder wenn Sie nur wenige Dosen einer Sorte machen wollen, die es nicht fertig bedruckt gibt. Die Blanko-Dosen beschreibt man am besten mit einem Bleistift „B6", also der ganz weichen Variante. Noch ein Tipp: Beschriften Sie die Dosen immer im Klartext, bei Gläsern können Sie noch halbwegs erkennen, was sich darin befindet, durch Weißblech kann man logischerweise nicht hindurchsehen. Wenn Sie dann nur ein Kreuz für Leberwurst und einen Kreis für Knackwurst gemacht haben, kommen Sie nach einem halben Jahr und nach vielen weiteren Versuchen schnell ins Grübeln. Sie können auch das Schreibfeld mit einer Reißnadel beschriften, das hält auf jeden Fall. Denken Sie daran, dass die Beschriftung zwei Stunden kochendes Wasser vertragen muss, das schafft nicht jeder billige Filzstift. Es ist doch schade, wenn sie fünf Wurstsorten zudrehen und nach dem Kochen 100 saubere Dosen ohne Beschriftung wieder herausfischen.

Die Ausbeute eines Tages kühlt aus.

Die als Aufreißdeckel bezeichneten Deckel besitzen einen Ring-Pull-Verschluss und lassen sich ohne Dosenöffner öffnen. Sie kosten ein paar Cent mehr pro Stück und ob man die wirklich braucht, muss jeder für sich selbst entscheiden. Wer viel Wurstdosen zum Picknick mitnimmt, der ist damit sicherlich gut bedient, aber komischerweise kommt einem immer wieder eine normale Dose unter, sodass man trotzdem einen Dosenöffner mitführen sollte. In der Industrie scheint ein Aufreißdeckel inzwischen Standard zu sein, in der Hausschlachterei ist er noch nicht so weit verbreitet.

Früher hat man immer gesagt: Eine Wurstdose wird erst dann schlecht, wenn der Deckel durchrostet.

Die Deckel gibt es schon beschriftet und mit einem weißen Schreibfeld.

Auch Dosen mit Ring-Pull-Verschluss sind für den Hausschlachter erhältlich.

Profi-Tipp

Es gibt Dosenbrot zu kaufen, das über einen Plastikdeckel verfügt. Mit diesem können sie angebrochene Dosen wieder hervorragend verschließen, sodass sie im Kühlschrank frisch bleiben und keine unangenehmen Gerüche annehmen.

Dosenverschlussmaschine

Wer Dosen verwenden will, der muss auch eine Maschine besitzen, die in der Lage ist, diese Dosen zu verschließen. Bei Gläsern ist das nicht notwendig, die werden einfach mit der Hand zugedreht. Da das Hausschlachten in den letzten Jahrzehnten immer weiter verschwunden ist, gibt es aktuell keine solchen Maschinen für den gelegentlichen Hausschlachter mehr neu zu erwerben. Alles was heute neu produziert wird, ist für professionelle Schlachtereien gedacht und damit ziemlich überdimensioniert. Bleibt also nur die Suche bei Kleinanzeigen im Netz oder dem Dachboden der Nachbarn. Bei den Gebrauchtmaschinen gibt es zwar keine Ersatzteile mehr, aber bei der Qualität der meist zwischen

Lanico-Maschinenbau
Otto Niemsch
BRAUNSCHWEIG

den Kriegen gefertigten Modelle muss ohnehin nichts repariert werden oder alles, was kaputt geht, lässt sich von einem guten Dreher wieder ersetzen.

Mit der Dosenverschlussmaschine können Sie auch die benutzten Dosen abschneiden und den oberen Rand wieder so aufbereiten, dass sich die Dose erneut verschließen lässt. Das ist heutzutage eigentlich nicht mehr üblich. Da viele Dosen innen lackiert sind, zerkratzt man beim Entnehmen der Wurst die Lackierung und damit den Rostschutz, sodass die Dosen leider nicht mehr so einwandfrei sind, wie man das gerne hätte. Früher war das Wiederbefüllen üblich und die Dosen daher auch strapazierfähiger und innen verzinnt und nicht lackiert. Sie waren für den mehrfachen Gebrauch gebaut und wurden dabei lediglich immer kürzer.

Als Rostschutz sind Dosen heute meist innen lackiert.

Der Deckel besitzt im Rand ein Dichtmaterial, mit dem er auf die Dose mit dem nach außen gebördelten Rand aufgelegt wird. Beim Verschließen wird der Rand des Deckels nach unten und wieder nach oben gebördelt, dabei greift er hinter den Rand der Dose, der nur um 180 Grad nach unten umgebördelt wird. Dann wird beides zusammen fest verpresst, wobei die Dichtmasse überall hinfließt und die Dose drucksicher abdichtet. Wenn man den Deckel quer aufschneidet, sieht man eine fünffache Materialstärke.

Zur Benutzung: Die Dosen füllen Sie mit dem Wurstbrät bis knapp unter den Rand. Sie können diese ruhig etwas voller füllen und nicht nur zu 3/4 wie die Gläser, da sich die Dosen beim Kochen mit ausdehnen und durch den dicht verschlossenen Rand der Inhalt nicht herausgepresst wird. Achten Sie darauf, dass der Rand sauber bleibt, dann legen Sie den Deckel auf und stellen die Dose in die Maschine. So wird die Dose handfest eingespannt. Mit dem Handrad fangen Sie an zu kurbeln. Dabei dreht sich die Dose und eine Zwangssteuerung führt ein Stahlrad an die Dose, um den Rand umzubördeln. Dann kommt ein zweites Rad mit einem anderen Profil und drückt den Rand so weit an die Dose, dass er dicht ist. Sobald das der Fall ist, springt der Arm mit den Werkzeugen zurück, Sie können aufhören zu kurbeln und die Dose entfernen.

Dosen können bis knapp unter den Rand befüllt werden.

Wichtig: Prüfen Sie vor dem Schlachten Ihre Maschine, denn wenn der Tisch voller Dosen steht und die Maschine nicht funktioniert, dann haben Sie am Samstagnachmittag ein Problem. Es gibt keine Ersatzteile, die Nachbarn haben auch keine Maschine mehr und der Schlachter macht erst am Montag wieder auf! Dann sind die Dosen aber nicht mehr in dem Zustand, verschlossen zu werden.

Wer eine solche Dosenverschlussmaschine besitzt, kann auch Geschenke nett verpacken. Früher wurden in den Dosen auch Alkoholika eingedost, um sie in das alkoholtechnische Hochpreisland Schweden zu schmuggeln.

Profi-Tipp

Legen Sie die zugedrehten Dosen auf den Deckel, dann sehen Sie gleich, welche fertig verschlossen ist, und Sie behalten die Übersicht.

Gläser

Um Gläser mit Wurst zu füllen und einzukochen braucht man keine Maschine, das Ganze funktioniert völlig problemlos. Sie können auch bedenkenlos Gläser wiederverwerten, auch solche aus dem Supermarkt, die vorher industriell mit anderen Dingen gefüllt waren. Bei Wurst ist es allerdings hilfreich, die Sturzgläser zu nehmen, die eine glatte Wandung besitzen und daher komplett entleert werden können. Bei den handelsüblichen Gläsern mit dem Twist-Off-Deckel haben Sie zusätzlich den Vorteil, dass die Deckel separat verkauft werden und Sie so einerseits die Deckel nachkaufen können, aber andererseits auch verschiedenfarbige Deckel nehmen können, um beispielsweise die Gläser zu markieren (Im Jahr 2012 weiße Deckel, im Jahr 2013 rote Deckel usw.)

Sturzgläser eignen sich besonders gut.

Die Gläser und Deckel sollte man alleine – also ohne dreckiges Geschirr vom Mittagessen – in den Geschirrspüler geben und auf der heißesten Stufe spülen. Nehmen Sie die Gläser heraus und legen Sie diese auf einer sauberen Ablage mit der Öffnung nach unten ab. Dann legen Sie die Deckel in kochendes Wasser, damit die Dichtung aufquillt und nehmen den Deckel dann zum Gebrauch heraus, schütteln ihn ab und verschließen das Glas damit. Auf keinen Fall sollten Sie mit einem Handtuch den Deckel erst noch trockenreiben.

Die Gläser haben sich zur Produktion von kleinen Mengen Wurst durchgesetzt, da man keine Verschlussmaschine benötigt und auch das Risiko

Inzwischen haben sich für die Hausschlachtung bzw. die Wurstküche im kleinen Stil Twist-Off-Gläser durchgesetzt.

mit den bruchgefährdeten Gläsern bei kleinen Mengen nicht so hoch ist. Wer hingegen 150 oder noch mehr Gläser gleichzeitig in dem großen Schlachtekessel zukochen will, der muss schon sehr aufpassen, dass die Gläser nicht zerbrechen, wenn sie durcheinanderpoltern.

Einweckgläser

Früher erfreuten sich die Weck-Gläser großer Beliebtheit. Inzwischen haben sie eine Renaissance erlebt, die durch die vielen neuen Formen und den Rundrand, bei dem das Verschließen des Deckels mit zwei Klammern sicherer möglich ist, zu erklären ist. Außerdem lassen sie sich zum Zukochen stapeln. Bei den Weckgläsern gibt es verschiedenste Formen und in vielen Haushalten sind noch Dutzende von Weckgläsern vorhanden. Diese können Sie auf jeden Fall weiter verwenden, wenn Sie die richtigen Klammern und Gummiringe besitzen. Bei alten Beständen sollten Sie die Gummiringe aber komplett entsorgen und neue kaufen. Die großen Gläser mit 1 Liter Inhalt sind gut geeignet, um Schlachtebrühe – evtl. mit einem Stück Steeke – einzukochen. Ich nutze diese selbst, wenn im Winter der Holzofen ohnehin bollert und das Haus heizt. Ein Einkochtopf mit fünf Gläsern mit Brühe kommt auf den Herd und nach zwei Stunden kochen sind die Gläser dicht. Dann kommen die nächsten an die Reihe. So kocht sich die Brühe quasi von selbst zu und ich habe den ganzen Sommer über Brühe für Suppen zur Verfügung.

Ersetzen Sie bei älteren Weckgläsern die Gummidichtungen.

Die modernen Gläser mit dem Rundrand nutzen dieselbe Größe von Gummiringen. Trotzdem gibt es noch viele verschiedene Systeme, gerade bei alten Beständen. Dabei sollten Sie großzügig ausmisten und fragwürdige Gläser im Garten als Windlichter verwenden. Es lohnt sich nicht, das Einkochen zu probieren und dann festzustellen, dass der Gummiring doch nicht richtig gepasst hat.

Momentan ist das System von Weck der Industrie-Standard. Der Rundrand erlaubt das Stapeln der Gläser, die Klammern verschließen die Gläser sicher und preisgünstig. Auch sind Sturzgläser problemlos erhältlich, wodurch man den festen Inhalt restlos und einfach entnehmen kann. Füllen Sie das Glas mit der Wurstmasse zu 3/4, lassen Sie evtl. Luftblasen mit einem Schaschlikspieß entweichen, oder füllen Sie etwas Brühe – je nach Rezept – ein. Dann nehmen Sie die Gummiringe, die Sie für einige Minuten in kochendes Wasser gelegt haben und legen diese auf den Deckel. Dann kommt der Deckel auf das Glas und wird mit zwei Klammern befestigt. So können Sie die Gläser in den Einkochautomaten stapeln.

Füllen Sie die Gläser zu ¾ und lassen Sie die Luftblasen entweichen.

Das Wasser sollte bis fast unter den Rand des obersten Glases reichen. Nach der ausgerechneten Einkochzeit nehmen Sie die Gläser mit einem Gläserheber aus dem Topf und stellen diese auf ein Frotteehandtuch, aber niemals auf den kalten Blechtisch, denn dann könnten die Gläser springen. Sie werden noch eine Zeit nachkochen. So kühlen die Gläser in Ruhe aus. Am nächsten Tag können Sie die Klammern entfernen, und das ist auch ein ganz wichtiger Teil der Qualitätskontrolle. Alle Gläser, die jetzt nicht richtig verschlossen sind, fallen sofort auf, Denn der Deckel liegt nur locker auf. Dies müssen Sie bei jedem Glas einzeln prüfen. Die nicht geschlossenen Gläser sollten Sie sofort verbrauchen und im Kühlschrank lagern. Der Inhalt ist nicht verdorben, nur das Vakuum, das für den sicheren Verschluss notwendig ist, hat nicht gehalten. Dies kann passieren, wenn beispielsweise ein Teil der Füllung sich so weit ausgedehnt hat, dass er zwischen Glas und Gummiring gedrückt wurde und somit Luft von außen eindringen konnte.

Nicht richtig verschlossene Gläser sofort verbrauchen und im Kühlschrank lagern.

Wichtig: Die Gläser dürfen nur aufrecht stehend eingekocht werden, ansonsten drückt das aufquellende Wurstbrät aus dem Deckel, verschmutzt die Dichtung und das Glas geht unweigerlich auf.

Gläser nie im Wasser auskühlen lassen.

Profi-Tipp

Wenn Sie große und kleine Gläser zur Verfügung haben, dann füllen Sie zuerst die großen und behalten zumindest ein kleines Glas zurück. Die Masse ist schlecht abzuschätzen und jedes Glas sollte ordentlich gefüllt sein.

Sie dürfen auf keinen Fall die Gläser im Wasser auskühlen lassen, denn beim Abkühlen saugt das Vakuum die Flüssigkeit ein.

Kontrollieren Sie in den ersten Tagen nach dem Schlachten die eingekochten Gläser täglich, um hochgegangene Gläser entweder noch schnell zu verbrauchen oder zu entsorgen, bevor sie anfangen zu stinken.

Gerade für Brühe sind große Gurkengläser mit Twist-off-Verschluss gut zum Einkochen geeignet. Gläser mit einem Liter Volumen sind bei Brühe manchmal etwas zu wenig, und diese Gurkengläser mit über zwei Liter Fassungsvolumen sind dann genau richtig.

Es gibt viele verschiedene Sorten von Gläsern mit den unterschiedlichsten Systemen

Verschiedene Weckgläser: links ein Modell mit angelenktem Drahtbügel, in der Mitte ein modernes Weckglas in Sturzform mit Rundrand und Clipsen, ganz rechts ein altes Modell mit Klammer.

Links ein gebrauchtes Glas mit Twist-Off-Deckel, die beiden anderen sind Sturzgläser mit Twist-Off-Deckel, die sich dank der Form komplett entleeren lassen

Achten Sie beim Neukauf auf gute Qualität und die Verfügbarkeit von Ersatzteilen.

Rundrandgläser sind praktischer als die alten mit flachem Rand.

Wer sich eine Sammlung Gläser zum Einkochen zulegt, der sollte auf eine bekannte Marke und verbreitete Standards setzen und nicht jedes vermeintliche Schnäppchen kaufen mit Dichtungen – ich möchte das nicht Gummiringe nennen – aus zweifelhaften Materialien. Meist lösen sich diese Ringe bereits nach einem Jahr auf.

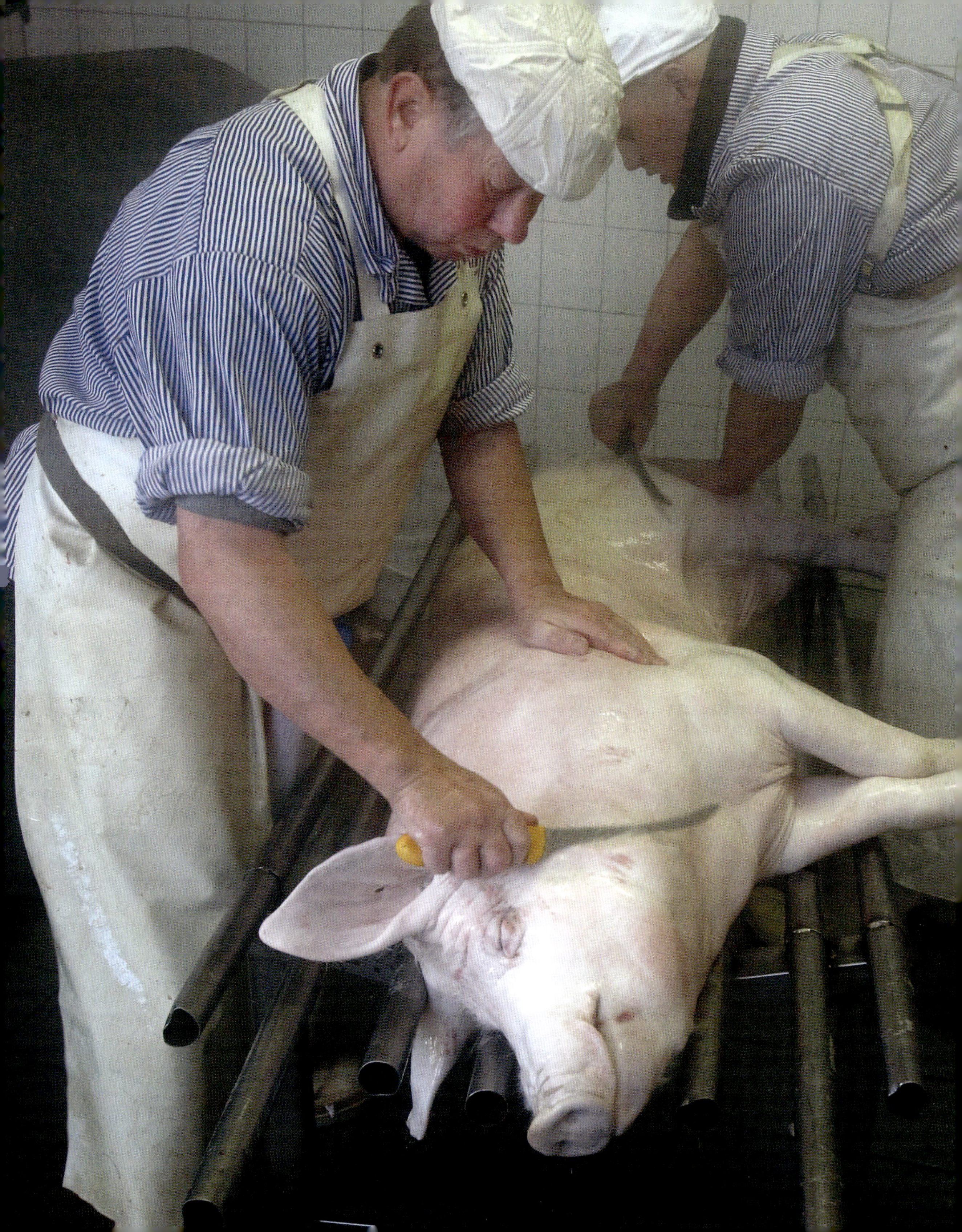

Kapitel 7

Töten, Enthaaren, Aufbrechen und Spalten

Das Betäuben und Stechen

Nur kundige Personen dürfen schlachten!

Eines vorweg: In Deutschland darf nur eine kundige Person schlachten. Und Kinder sollten dabei auch nicht anwesend sein. Alle Gesetze und Verordnungen zum Schlachten aufzuschreiben und zu erläutern würde einen Großteil dieses Buches in Anspruch nehmen, ohne beim Wurstmachen zu helfen. Sehen sie daher bitte die für Ihre Region geltenden Gesetze und Regeln aktuell nach.

Früher waren solche gesetzlichen Regelungen nicht notwendig, denn die Hausschlachtungen wurden durchgeführt, um zu überleben, und nicht, um Menschen zu vergiften oder durch das Beimischen von zweifelhaftem Fleisch den Gewinn zu maximieren. Gesundheitliche Schäden kann man mit gesundem Menschenverstand ausschließen: Was eklig aussieht oder riecht, sollte nicht gegessen werden und dicke Dosen sollten Sie ungeöffnet wegwerfen. Damit hat man schon die meisten Probleme ausgeschlossen. Wenn noch eine ordentliche Trichinenschau durchgeführt wird, sollte man eigentlich immer auf der sicheren Seite sein.

Wie funktioniert die Trichinenschau?

Zunächst muss man wissen, was Trichinen sind. Es handelt sich dabei um kleine Fadenwürmer, die im Muskelfleisch eines Säugetieres als Larve in einer Kalkkapsel darauf warten, von einem anderen Säugetier gefressen zu werden. Im Dünndarm löst sich die Kalkkapsel auf und die Würmer werden schnell geschlechtsreif, paaren sich und setzen wiederum Larven frei, die in den Blutstrom oder die Lymphe gelangen und sich dann an gut durchbluteten Stellen absetzen – beim Menschen Zwerchfell, Augen und Zunge. Dort kapseln sie sich wiederum ab und warten auf den nächsten Zyklus des Gefressenwerdens. Die Erkrankung des Menschen ist zwar inzwischen sehr selten, kommt aber dennoch vor. Auch werden jedes Jahr bei Haus- und Wildschweinen Trichinen gefunden. Beim Menschen führt eine Trichineninfektion zu schweren Erkrankungen bis hin zum Tod.

Früher wurde vom Trichinenbeschauer vor Ort aus dem Zwerchfellpfeiler eine Probe entnommen, zwischen zwei starken Glasplatten gequetscht und unter dem Mikroskop auf Trichinen untersucht. Heute werden die Proben halbiert und eine Hälfte mit etwa 30 anderen Proben zusammen enzymatisch verdaut, wobei sich die Kalkkapseln nicht auflösen und nach dem Filtern unter einem Mikroskop zu sehen sind. Ist dieser Massentest positiv oder unklar, wird jede einzelne Probe – die dafür zurückgehalten wurde – erneut untersucht. So kann das einzelne infizierte Tier identifiziert werden – mit vertretbarem Aufwand.

Beim Schlachten sollten Sie sich immer vor Augen führen, dass es sich um ein Lebewesen handelt, zu dem der Besitzer im Laufe der letzten Monate eine Beziehung aufgebaut hat, mit diesem Gedanken sollte man an das Töten herangehen. Das Töten sollte möglichst stress- und schmerzfrei geschehen. Zum einen aus den selbstverständlichen Gründen des Tierschutzes und zum anderen liefern gestresste Tiere minderwertigeres Fleisch, weil sie schlechter ausbluten, was wiederum schlechtere Wurst und Schinken ergibt. Schlachttiere werden durch den Bolzenschuss nur betäubt, sie sterben durch das nachfolgende Ausbluten. Anstatt des Bolzenschusses kommt immer häufiger eine Betäubungszange mit Strom zur Anwendung. Abzuraten ist von dem Erschießen mit Jagd- oder Kurzwaffen. Die Geschosse durchschlagen das Tier und gefährden die Umstehenden. Außerdem kann es sein, dass ein Schuss entweder unzureichend wirkt und das Tier nicht betäubt wird, sondern zu fliehen versucht, oder aber die Wirkung ist zu stark, sodass viel Fleisch zerstört wird und der Tod sofort eintritt. Das Tier kann dann nicht zuverlässig ausbluten, was später zu schlechter Wurst und Schinken führen kann. Außerdem geraten durch einen Schuss Splitter und Pulverschmauch in den Schusskanal, wodurch große Teile des Kopffleisches unbrauchbar werden. Abgesehen von all dem, ist es verboten.

Das Töten sollte möglichst stress- und schmerzfrei in würdevollem Umgang geschehen.

Am Vorabend sollten die Tiere entweder überhaupt nicht oder nur mit Wasser oder Milch gefüttert werden, damit sich am nächsten Morgen wenig Stuhl in den Därmen befindet und sich die Tiere nicht selbst vollkoten und die Därme auch leichter zu reinigen sind. Heutzutage waschen und entschleimen nur noch wenige Hausschlachter die Därme selbst. Früher war dies aber üblich und man hatte ja auch die Zeit dazu, denn erst musste der Trichinenbeschauer seine Arbeit machen.

Beim Herausführen aus dem Stall sollte man jede grobe Behandlung vermeiden, aber eigentlich versteht sich das von selbst. Eine Leckerei lenkt das Tier ab, wenn es hungrig ist. Bei dieser Gelegenheit muss dem Schwein um den linken Hinterlauf ein fester Strick gebunden werden, den entweder ein Helfer halten muss oder der an einem Ring in der Erde festgebunden wird. Bei starken Schweinen ist es hilfreich, um den Oberkiefer einen zweiten Strick zu schlingen, den ein zweiter Helfer hält. Mit diesen beiden Stricken wird das Schwein fixiert, wenn es auf die Seite

Das Schwein am Hinterlauf und am Oberkiefer fixieren.

fällt. Für das Stechen der Schweine sollten Sie einen Bolzenschussapparat bereitlegen und laden. Weiterhin legen Sie bitte eine Axt bereit, falls etwas mit dem Bolzenschuss schief geht, können Sie das Leiden mit der Rückseite der Axt beenden.

Früher gab es keine Bolzenschussapparate, da wurde ein Pickel an einem langen Stiel auf den Schädel aufgesetzt und mit einem Vorschlaghammer in den Schädel getrieben. Eine andere Möglichkeit war, dem Tier mit der Rückseite der Fleischeraxt – die einen Bolzen integriert hat – auf die Stirn zu schlagen, was aber ein sauberes Treffen voraussetzt.

Wie funktioniert ein Bolzenschussapparat?

Mit einer Platzpatrone wird ein Bolzen nach unten aus dem Gerät herausgeschleudert, von einer Feder aufgefangen und dadurch wieder aus dem Schädel zurückgezogen. Die Feder verhindert, dass der Bolzenschussapparat im Schädel stecken bleibt und das Tier den Schlachter verletzt, indem es ihm durch die Zuckungen das Gerät aus der Hand reißt. Nach dem Schuss ist das Gerät sofort wieder frei.

Der Ablauf des Schlachtens

Der Schlachter tritt an das Schwein heran und setzt das Bolzenschussgerät zwei Fingerbreit über der Mittellinie zwischen den Augen an. Nachdem er abgedrückt hat, legt er das Gerät weg und greift sich ein Messer. Das Schwein muss auf die rechte Seite fallen, denn dann liegt das linke Hinterbein oben und der Helfer kann es mit dem Strick nach hinten ziehen. Der zweite Helfer zieht vorne am Strick und verhindert so, dass das Schwein um sich beißt. Der Schlachter kniet sich nun auf den Hals des Schweins, sodass der rechte Fuß vor der Schnauze steht. Das Schwein liegt dabei so vor ihm, dass der Kopf rechts liegt und die Beine nach vorne zeigen. So ist der Schlachter vor den harten Schalen des Schweins geschützt und kann als Rechtshänder bequem nach links stechen. Die richtige Stelle zum Zustechen liegt in der Halsgrube etwa drei Fingerbreit vor dem Brustbein. Dort sticht der Schlachter mit dem Messer mit einer schnellen Bewegung in Richtung Schwanz und zieht das Messer sofort wieder heraus. In der

Halsgrube verlaufen eine Menge großer Blutgefäße, die dabei geöffnet werden. Wenn das Blut in einem kräftigen Strahl spritzt, haben Sie richtig getroffen. Der Schnitt sollte so klein wie möglich sein, um beim Brühen nicht zu viel Fleisch als „Stichfleisch" zu verunreinigen. Aber das schnelle und schmerzlose Töten geht immer vor. Aus der Einstichstelle schießt sofort das Blut in einem dicken Strahl heraus, das eine weitere Person mit einer Schüssel auffangen sollte. Fünf oder sechs Liter Blut kommen dabei zusammen, sodass Sie ausreichend große Gefäße bereitstellen sollten. Sobald das Blut mit Luft in Berührung kommt, gerinnt es. Um das zu verhindern, muss das Blut kräftig mit einem Schneebesen geschlagen werden. Weiterhin wird noch Salz (etwa 20 g pro Liter) zugesetzt.

Um das Blut am Gerinnen zu hindern, muss es sofort geschlagen werden.

Im Schlachterbedarf gibt es auch ein Mittel, dass das Gerinnen verhindert, welches Sie ebenfalls verwenden können. Wichtig ist, dass Sie gleich am Anfang kräftig schlagen und das Blut schnell abkühlen zu lassen. Falls Sie das Schweineblut nicht benötigen, lassen Sie es einfach im Boden versickern oder streuen Sägespäne darüber, die später auf den Kompost wandern. Sollte das Blut nicht richtig fließen, dann versuchen einige Schlachter, mit dem Vorderlauf zu pumpen, was aber nur selten von Erfolg gekrönt ist. In solch einem Fall ist es besser, das Schwein schnell mit dem Hinterlauf an eine Kette zu hängen und am Frontlader hochzuziehen und die Schnittstelle großzügig zu erweitern. Lieber einen großen Schnitt am Hals als Blut in den Keulen, sodass später der Schinken verdirbt.

Das Brühen

Nach dem Ausbluten kommt das Brühen des Schweines. Dazu wird ein Brühtrog benötigt, in den das ganze Schwein hineinpasst. Das Wasser wird auf 70 °C erhitzt, lieber etwas heißer als zu kalt, denn die benötigten 65 °C sind leichter zu erreichen, wenn man in den Brühtrog kaltes Wasser aus der Wasserleitung oder etwas Eis zugibt. Das geht schneller als zu kaltes Wasser nachträglich aufzuheizen. Im Zweifelsfall kochen Sie den Kessel zur Probe einige Tage vorher auf und achten auf die benötigte Zeit. Meine Feldküche braucht für den großen einwandigen 90-Liter-Kessel mit einem wirklich leistungsfähigen Gasbrenner 45 Minuten bis zum Kochen.

DasWasser auf etwa 70 °C erhitzen und dann durch Zugabe kalten Wassers auf 65 °C bringen.

Das Brühwasser darf nicht kochen, sonst löst sich auch die Schwarte.

Das Wasser darf zum Brühen nicht mehr kochen, weil sonst die Schwarte schon angegart wird und nicht nur die Haare abgehen, sondern leider auch die Schwarte, die ja später für die Wurst wichtig ist. In den Brühtrog legen Sie eine oder zwei Ketten. Dann kommt das Schwein hinein und zwei Mann ziehen die Kette unter dem Schwein hindurch, worauf sich die Haare und die oberste Hautschicht löst. Dann drehen Sie das Schwein auf alle Seiten, bis überall die Haare entfernt sind.

Sollte das Schwein nicht komplett in den Brühtrog passen, dann müssen Sie es mit dem heißen Wasser übergießen, bis sich die Borsten lösen. An den Füßen entfernen Sie mit dem Haken der Schabeglocke die Schalen (Fußnägel) und die schwer zugänglichen Stellen glätten Sie ebenfalls mit der Schabeglocke. Sollten noch Stellen übrig sein, die Sie nicht mit dem Brühwasser erreicht haben und geht das Brühwasser zur Neige, dann heizen Sie einen alten Jutesack in dem restlichen Wasser auf und legen den feuchten, heißen Sack auf die Stelle, dann lösen sich auch dort die Haare.

Nach dem Enthaaren werden die Augen und die Gehörgänge ausgeschnitten. Zum Schluss sollten Sie die letzen Haare mit einem Brenner abflämmen und mit einem scharfen Messer rasieren und das Schwein abschließend mit einem harten Wasserstrahl säubern.

An der Hinterseite der Hinterläufe verlaufen kräftige Sehnen, die Sie durch einen Längsschnitt freilegen, dann können Sie das Schwein mit zwei Haken an einen Frontlader hängen und hochziehen. Wer keinen Frontlader besitzt, der hängt das Schwein mit den Hinterläufen nach oben auf eine Holzleiter und stellt diese schräg an die Wand. Inzwischen gibt es aber auch jede Menge Wildgalgen im Jagdfachhandel, mit denen man das Schwein gut handhaben kann.

Das Aufbrechen

Zum Aufbrechen wird zuerst das Weidloch sauber umschnitten und ausgelöst. Dann schneidet man bei einem männlichen Stück den Pinsel

(Penis) großzügig frei. Jetzt kommt der spannendste Moment: Das Aufschneiden der Bauchdecke. Dabei nutzen Sie entweder ein sogenanntes Gekrösemesser mit einer Kugel statt einer Spitze, um die Eingeweide nicht zu verletzen. Oder Sie halten ein Messer so, dass Sie mit dem Arm und der Hand in die Körperhöhle greifen können und die Messerspitze außerhalb des Schweins bleibt. Jäger schneiden mit einem bestimmten Griff: Entweder Sie legen die Spitze des Zeigefingers über die Spitze des Messers, oder sie nutzen zwei Finger der linken Hand, um die Bauchdecke anzuheben und schneiden dazwischen. Ganz gleich, welche Methode Sie nutzen möchten: schnell und sauber ist das Ziel. Wenn Sie trotzdem in die Därme schneiden sollten, geht davon die Welt auch nicht unter. Spülen Sie die Bauchhöhle einfach mit einem starken Wasserstrahl aus und alles ist wieder sauber.

Sobald die Bauchhöhle geöffnet ist, entnehmen Sie die Därme und den Magen. Jetzt sollte genug Platz sein, um die Brusthöhle zu öffnen. Das geht normalerweise bei den leichteren Schweinen mit einem Messer, das durch die knorpeligen Schichten am Brustbein hindurchschneidet. Bei den stärkeren Stücken brauchen Sie entweder eine Säge oder einen Spalter. Ein gut gemeinter Rat: Sägen Sie lieber, das ist sauberer als ungezieltes Herumhacken. Auch wird das Messer beim Versuch durch den verknöcherten Teil des Brustbein zu schneiden sehr schnell stumpf und Sie brauchen zu viel Kraft, sodass Sie sich schwer verletzen können, wenn Sie mit dem Messer abrutschen. Sobald Sie die Brusthöhle geöffnet haben, verlängern Sie den Schnitt bis in den Kinnwinkel. Das Ziel ist, die Zunge, die Luftröhre, die Lungen, das Herz und die Leber in einem zu entfernen. Dazu müssen Sie das Zwerchfell vom Rücken abschneiden. Mit einem Schnitt in die Luftröhre schaffen Sie Platz für den Haken, um das Ganze aufzuhängen. Das Herz wird mit einem Schnitt geöffnet, um das gestockte Blut zu entfernen und die Gallenblase wird von der Leber entfernt. Die Organe hängen dann an einem Haken und können auskühlen, die Därme und der Magen mit der Milz liegen dann meist in einer Schubkarre und warten auf den Tierarzt zur Fleischbeschau. Die Nieren bleiben erst mal im Körper.

Lieber sägen als ungezielt hacken!

Das Spalten

Ungeübte entfernen den Kopf lieber im Ganzen

Nach dem Aufbrechen spalten Sie den Körper von der Schwanzwurzel bis durch den Kopf. Wenn Sie ungeübt sind, dann ist es auch möglich, das Schwein nur mit einer Säge zu zerteilen, allerdings ist das am Kopf sehr schwierig. Daher sollten Sie den Kopf dann im Ganzen abschneiden und nur den Rücken zersägen.

Nach der Freigabe durch den Tierarzt können Sie mit dem Zerlegen fortfahren. Hier folgen Sie den weiteren Kapiteln dieses Buches, denn nun haben Sie ein halbes Schwein vor sich und mit diesem fängt das folgende Kapitel an. Dabei ist es gleichgültig, ob Sie das Schwein vorher selbst geschlachtet oder gekauft haben.

Die Reste und Abschnitte

Wohin mit den Resten und Abschnitten?

Beim Schlachten fallen nur wenige Reste an, wenn man es denn richtig macht. Aber heutzutage will ja kaum noch jemand die Ohren oder Pfötchen essen und so bleiben doch noch Reste übrig, die eine normale Biomülltonne überfordern. Besonders dann, wenn es sehr heiß ist, entstehen unangenehme Gerüche. Wir arbeiten seit einigen Jahren mit der Firma ReFood, die eine grüne Tonne für Speisereste zur Verfügung stellt und diese nach Anruf abholt und gegen eine saubere Tonne austauscht. Eine Fuhre kostet um die 15 Euro und ist eine wirklich tolle Sache: kein Gestank, keine alte Gammeltonne. Die Reste im Jagdrevier auf den Luderplatz zu bringen ist auch keine Lösung und obendrein verboten.

Wie läuft das heutzutage ab mit den Hausschlachteschweinen?

Das richtige Hausschlachten – also mit Töten auf dem eigenen Hof – ist entweder aufgrund mangelnder Möglichkeiten oder gesetzlicher Vorgaben nur noch die wirkliche Ausnahme. Hier bei uns in der Gegend gibt es nur noch zwei Möglichkeiten, ein Schwein schlachten zu lassen. Das sind kleine Schlachtereien, die sich als Zulieferer für die großen Zerlegebetriebe etabliert haben und die Lohnschlachtung mit anbieten. Bei den großen EU-Schlachthöfen brauchen Sie nicht vorstellig zu werden, dort kommt kein Betriebsfremder auf den Hof. Auch sind diese auf die Verarbeitung von Massen von gleichförmigen Normschweinen spezialisiert.

Der Ablauf ist etwa wie folgt: Sie sprechen mit dem Mäster einen Termin ab und mit dem Schlachter auch. Beim Schlachten wird immer sehr früh – gegen 2 Uhr in der Nacht – begonnen, damit die Schlachter in der Zerlegung Zeit haben, die Ware für den Verkauf in den Läden fertigzumachen. Sie mit dem einzelnen Hausschlachteschwein werden nur den letzten Termin bekommen, wenn alles an „Industrieware" schon verarbeitet ist. Hier im Ort liegen diese Termine nicht jeden Tag, sondern meist Montag und Mittwoch oder Donnerstag. Jeder Schlachter ist bestrebt, die Termine in ein enges Zeitfenster zu pressen. Bei dem Termin sollten Sie unter allen Umständen pünktlich sein, denn nach dem letzten Schwein wird alles aufgeräumt und gesäubert, und dann können Sie eben nächste Woche wiederkommen, ob Sie das Schwein schon auf dem Anhänger haben oder nicht.
Zunächst holen Sie also das Schwein beim Mäster ab, wo es gewogen und auf den Anhänger geladen wird. Hier merkt man schon, wie tierschonend mit dem Borstentier umgegangen wird. Jede Hektik und Schreierei verschlechtert die Fleischqualität. Früher war auf dem Schlachthof ein Krawall wie beim Sturmangriff in Verdun, heute ähnelt das eher einer Bestattung. Wichtiger als das Schwein ist aber das Papier mit den Daten und der Bestätigung des Tierarztes, dass das Schwein geschlachtet werden darf und keine Medikamente bekommen hat. Ohne diesen Zettel wird es nicht geschlachtet. Der Zettel muss auch im Original beim Schwein dabei sein und nicht erst nachgereicht werden, denn sonst ist bei der Fleischbeschau Schluss.

Sehr wichtig: Die Papiere des Schweins!

Am Schlachttag *fahren Sie mit dem Anhänger und dem Schwein zum Schlachter, wo Sie rückwärts an den Schlachtplatz heranfahren. Die Klappe* *wird geöffnet und das Schwein hat nur noch wenige Schritte bis zum Ende. Dort steht ein Schlachter und betäubt das Tier mit der Stromzange. Es bekommt eine Kette um den Hinterlauf, wird hochgezogen und gestochen, um das Blut zu entziehen. Vom Öffnen der Anhängerklappe bis zum Ende dauert es keine Minute. Tierschonender geht es unter diesen Umständen nicht.*

Vom Öffnen der Anhängerklappe bis zum Ende vergeht keine Minute.

Dann wird das Tier gebrüht, aufgebrochen und in zwei Hälften gespalten. Bei den Landschlachtereien werden die Därme verworfen und nicht gereinigt. Zum einen, weil diese Arbeit spezielle Maschinen benötigt, und zum anderen, weil durch das Zerlegen für Braten und Fleisch und wenig Wurst kaum Därme benötigt werden. Es ist günstiger, diese zuzukaufen als sich die Mühe zu machen, die Därme zu waschen. Und die heute benötigten Kunstdärme mit Oster- oder Weihnachtsmotiv finden sich in einem Schwein ohnehin nicht. Das Geschlinge, also die Zunge mit allem, was da noch dranhängt – Herz, Leber, Lunge –, können Sie sich mitgeben lassen. Das sollten Sie auch tun, speziell wenn Sie Hunde halten. Das gespaltene Tier wird dem Fleischbeschauer vorgestellt, der das Fleisch freigibt.

Sie können selbstverständlich darauf warten, das Fleisch gleich mitzunehmen, es ist aber besser, die Hälften zwei Tage im Kühlhaus zu belassen, so gehen Sie sicher, dass auch die dicken Schinken mit der dicken Fettschicht richtig auskühlen. Um das zu gewährleisten brauchen Sie eine professionelle Kühlung mit Umluft, nicht einen nur halbwegs kalten Keller. Denken Sie daran, dass ein halbes Schwein über zwei Meter lang ist, das muss man weghängen können. Wenn am Mittwoch geschlachtet wurde, dann können Sie das Schwein am Freitag abholen und die Mettwurst und den Schinken machen und am Samstag die Kochwurst.

Denken Sie daran rechtzeitig bekanntzugeben, dass Sie auch Blut benötigen, fünf Liter reichen meist. Das Blut wird in einem Plastikbeutel abgefüllt und zugeknotet. Zur Sicherheit kommt noch ein zweiter Beutel darüber. Sie sollten aber einen Eimer mitnehmen, in den Sie den geschlossenen Beutel mit dem Blut legen, damit im Auto kein Unglück passiert.

Wenn Sie viel Leberwurst machen wollen, dann reicht eine Leber meist nicht. Diese wiegt um die 1,5 kg und reicht dann für 5 kg Leberwurst, was um die 20 Dosen entspricht.

Das Fleisch wird in roten Plastik-Pfandwannen ausgeliefert. Wenn Sie die Hälften komplett mitnehmen wollen, werden diese nur in Frischhaltefolie eingewickelt. Das ist gut zu wissen, wenn Sie eine solche Hausschlachteveranstaltung beispielsweise mit dem Heimatmuseum planen. Da sieht ein „ganzes halbes Schwein" besser aus als vier rote Plastikkisten mit Fleisch. Die Schlachter erwarten diese Kisten wieder zurück und Sie sollten diese selbstverständlich zurückgeben, auch wenn sie nur 2,50 Euro Pfand pro Stück kosten. Oft bekommt man diese Kisten aufs Ehrenwort und bring sie daher auch wieder zurück. Kein Mensch will bei so etwas mit Pfandbons arbeiten. Die Kisten sollten halbwegs sauber sein, wobei einfaches Ausspülen reicht, denn die zurückgelieferten Kisten gehen auf jeden Fall noch durch eine Kistenwaschanlage und werden dort desinfiziert.

Hinweis: *Für den Hobbymetzger ist es schwierig, bei dem unbekannten und fetten Hausschlachteschwein die einzelnen Fleisch- und Fettpartien für die diversen Wurstsorten richtig zuzusortieren. Davon hängt aber der Erfolg und die Ausbeute ab. Auch habe ich bisher keinen Geschmacksunterschied bei den diversen Schweinen festgestellt. Man kann durch die Hausschlachterei und die viele Liebe beim Würzen und den Verzicht auf Chemie einen Geschmack „wie früher" erreichen. Machen Sie sich das Leben einfacher und kaufen Sie ein halbes Schwein oder Teilstücke passgenau auf Ihre Rezeptur. Für das Abholen des Schweins und Abliefern beim Schlachter und später das Abholen der Teilstücke gehen etliche Stunden drauf. Da hat ein halbes Normschwein doch wirklich seine Vorteile, besonders für den Anfänger.*

Machen Sie es sich leichter und kaufen Sie Teilstücke passgenau auf Ihre Rezeptur.

Kapitel 8

Zerlegen

Allgemeines vorweg

Hausschlachten ist anstrengend. Machen Sie es sich so einfach wie möglich.

Die Hausschlachterei ist eine sehr anstrengende Tätigkeit, daher sollten Sie sich das so bequem und einfach wie möglich machen. Wenn Sie an ein Stück Fleisch nicht besonders gut herankommen und sich verrenken müssen, dann drehen Sie das Fleisch. Das hört sich einfach an, setzt aber ein gerüttelt Maß an Professionalität voraus, da Sie die Schnitte beherrschen müssen.

Achten Sie unbedingt auf die richtige Höhe des Zerlegetisches. Früher waren die Schlachtetische sehr niedrig, aber Ihr Rücken dankt Ihnen ein ergonomisches Arbeiten. Es ist besser, einen zu hohen Tisch zu nutzen und für kürzere Zeitgenossen eine Palette davorzustellen, als den Tisch mit Steinen zu erhöhen. Der Tisch muss wirklich fest stehen und stabil sein, ein Klappgartentisch bricht unter einer Schweinehälfte von 50 kg zusammen.

Lassen Sie sich beim Schneiden Zeit, Sie sind nicht so geübt wie ein Profi und daher ist die Gefahr, sich zu schneiden, besonders groß. Ein Schnitt, der daneben geht und Ihre Hand trifft, und die Hausschlachtung fällt aus.

Bei einem halben Schwein können Sie es sich leicht machen und dieses schon grob zerlegt kaufen. Das vereinfacht auch den Transport, denn die Teile kommen in handlichen Plastikkisten. Ein halbes Schwein hat keinen Griff und wiegt rund einen Zentner, ist zwei Meter lang und hilft kein bisschen mit. Für unsere Kurse bekommen wir die halben Schweine bereits mit zersägten Rippen und durchgekniffenen Halswirbeln. So können Sie ohne zu sägen alles Wichtige mit dem Messer zertrennen.

Die meisten Menschen haben vor einer Schweineschulter oder einer Keule mit Knochen Respekt und trauen sich nicht ran, um diese zu zerlegen, aus Angst etwas falsch zu machen: Nur Mut, für Gulasch reichen Ihre Schlachtekünste immer! Wenn Sie zwei oder drei Pfund Fleisch mehr am Knochen lassen als ein Profi, ist das auch nicht so schlimm: Die Knochen werden ohnehin abgekocht und das Fleisch landet dann eben in der Sülze oder der Knackwurst und ist somit nicht verschwendet.

Sie fangen das Zerlegen am hinteren Ende an. Als Rechtshänder legen Sie die Schweinehälfte mit der Schwarte auf den Tisch, der Kopf zeigt nach rechts und die Pfötchen zeigen zu Ihnen. Das geht natürlich nur bei der linken Hälfte, die rechte liegt andersherum, mit dem Kopf nach links und ebenfalls mit der Schwarte auf dem Tisch. Entfernen Sie zuerst das Filet, das Sie etwas putzen und zur Seite legen. Dann durchtrennen Sie die Wirbelsäule an der Stelle, wo der geschwungene Teil des Schwanzes in die gerade Wirbelsäule übergeht. Ziehen Sie den Schinken über die Kante des Tisches und die Schwerkraft hilft Ihnen dabei, den Spalt zwischen Schinken und Rücken zu öffnen. Schneiden Sie weiter durch das Fleisch und die Haut, dann sollten Sie den Schinken in der Hand halten. Solch ein Schinken kann aber leicht 10 kg auf die Waage bringen, darauf sollten Sie vorbereitet sein, wenn Sie das letzte Stück der Verbindung durchschneiden, sonst fällt Ihnen das gute Stück auf die Erde.

Seien Sie auf das Gewicht des Schinkens vorbereitet, sonst fällt er auf den Boden.

Im nächsten Schritt wenden Sie sich dem Rücken mit Bauch und Wamme sowie der Schulter zu. Trennen Sie dieses Teil vom Kopf und schneiden Sie möglichst viel Fleisch dabei auf die Backe. Nun haben Sie ein großes Stück vor sich liegen, von dem die Schulter abgetrennt werden muss. Dazu greifen Sie das Pfötchen und richten das Fleisch so auf, dass Sie in der Achsel zu schneiden beginnen können. Der Rücken sollte durch sein Gewicht von Ihnen weg ziehen, Sie halten das Pfötchen fest und ziehen es zu sich, dann öffnet sich automatisch der Spalt, in dem Sie schneiden müssen. Die Schulter ist nur mit Bindegewebe am Körper festgewachsen, da gibt es keine Knochen, die zersägt werden müssten. Die Schulter ist damit frei.

Der Rücken besteht aus dem Nacken und dem eigentlichen Rücken. Zählen Sie von vorne fünf Rippen ab und schneiden Sie zwischen der fünften und sechsten Rippe, auch hier können Sie mit dem Messer zwischen den Wirbeln hindurchschneiden. Geschickt über die Kante gezogen hilft auch hier die Schwerkraft, den Spalt zwischen den Wirbeln zu öffnen und das Schneiden zu erleichtern. Vom Nacken trennen Sie die ersten fünf Rippen ab, die ja schon zersägt sind, weil das im Hängen mit einer Maschine leichter geht als mit einer Handsäge im Liegen. Diese Rippen sind als Bratenstück die „Dicke Rippe" – wegen der dicken Fleischauflage.

Zum Schluss trennen Sie den Rücken und den Bauch, wobei Sie nur die Schnittführung der zersägten Rippen verlängern müssen. Der Rücken bleibt im Ganzen, der Bauch wird noch ein weiteres Mal geteilt und zwar in einen Teil mit Rippen und einen Teil ohne. Zum Wursten ist es gleichgültig, wie Sie da schneiden, für den Verkauf sollte der Schweinebauch mit den Rippen ein schön rechteckiges Stück werden. Die Wamme, also der Teil ohne Rippen, kann so bleiben wie er ist, denn er kommt in die Wurst.

Jetzt haben Sie die Schweinehälfte grob zerlegt.

Sie haben die Schweinehälfte nun grob zerlegt, so wie sie auch gehandelt wird: Schinken mit Eisbein und Pfötchen, Bauch mit Wamme, Rücken mit Knochen, Nacken mit Knochen, Dicke Rippe, Schulter mit Eisbein und Pfötchen und zum Schluss der Kopf mit Backe.

Zerlegen für Braten

Beim Hausschlachten muss es nicht nur um Wurst und Schinken gehen, Sie können aus dem Schwein auch Braten und Schnitzel schneiden. Gerade wenn Sie viele Gäste erwarten und das Fleisch beim Großmarkt kaufen, können Sie ein Kilogramm für unter zwei Euro kaufen, wenn Sie ein ganzes oder halbes Schwein nehmen. Dabei wäre es natürlich Unfug, nur die edlen Teile zu nutzen und die anderen Teile wie Pfoten und den Kopf nicht zu verwenden. Dann ist das umgerechnet auf den Kilopreis kein Schnäppchen mehr. Sie werden also beim Zerlegen um die eine oder andere Form der Resteverwertung nicht umhinkommen.

Hinweis

Stellen Sie eine Schüssel für die ganzen Abschnitte auf den Zerlegetisch, dann können Sie dort das Fleisch sammeln, um es dann durch den Fleischwolf zu drehen und als Hackfleisch einzufrieren. Die ganzen Abschnitte, die Sie so nicht verwerten können, sollten Sie sammeln und in pflaumengroße Stücke schneiden. Versuchen Sie ein Verhältnis von Fett zu Magerfleisch von eins zu eins zu erhalten und dies durch den Fleischwolf zu lassen. Dann können Sie daraus mit Gewürzen eine einfache Bratwurst fertigen. Eine andere Möglichkeit ist, dieses „Bratenmett" portionsweise einzuschweißen und in den Tüten schön flachgedrückt einzufrieren.

Eine mögliche Aufteilung ist Folgende: Das Schwein wird grob zerlegt in Kopf, Nacken, Rücken, Schulter, Bauch und Schinken. Das Filet wird meist gesondert behandelt und wird als erstes entfernt, da es ansonsten beim Abtrennen der Keule durchgeschnitten wird.

Beim Zerlegen für Braten etc. sollten Sie Platz in der Kühltruhe und ein Vakuumiergerät bereithalten. Auch sollten Sie wenigstens eine frische Bratwurst mit den Fleischabschnitten machen, um diese zu verwerten.

Der Schinken sollte in Eisbein und die einzelnen Muskeln getrennt werden, hier sitzen die besten und größten Fleischportionen. Die Nuss wird zu Schnitzeln aufgeschnitten, der Rest (Ober- und Unterschale, Hüfte) wird jeweils ein Braten.

Das Filet wird als erstes entfernt, da es sonst beim Abtrennen der Keule durchgeschnitten würde.

Der Rücken wird am besten zu Koteletts geschnitten, wie früher lassen Sie Knochen und Schwarte dran. Dazu legen Sie den Rücken auf den Knochen, sodass der Schwartenteil von Ihnen weg zeigt und die Rippen nach oben stehen. Zwischen den Rippen schneiden Sie die Koteletts bis auf die Wirbelsäule durch. Dann wird die Wirbelsäule von Ungeübten mit einer Säge getrennt oder von den Mutigeren mit dem Ladenspalter (Axt) auf dem Hackklotz gespalten. Wer die Koteletts nicht mit Schwarte mag, der sollte diese vorher abziehen. Soll das Kotelett mit Schwarte gegrillt werden, dann müssen Sie diese mehrmals einschneiden, damit sich das Fleisch nicht wellt. Wie weit Sie Richtung Nacken schneiden, bleibt Ihrem eigenen Geschmack überlassen. Für ein Kotelett reicht es, den Rippenknochen an dem Fleisch zu lassen und die Wirbelsäule mit dem Spalter abzuhacken.

Die Schweineschulter ist ein hervorragendes Bratenstück, das man entweder ausbeint und zerlegt oder als Krustenbraten im Ganzen gart. Das Eisbein sollte man abtrennen und separat verwenden. Auch für den BBQ-Smoker ist dieses Fleisch gut geeignet. In Schwaben wird an einer Fleischbandsäge die Schweineschulter so zersägt, dass die Scheiben das Schulterblatt quer durchtrennen, das ist das bekannte schwäbische „Schäufele".

Der Nacken ist als Spießbraten oder in Scheiben geschnitten zum Grillen geeignet.

Der Nacken ist als Braten (Spießbraten) oder in Scheiben geschnitten zum Grillen geeignet. Dazu muss er entbeint werden, was aber relativ leicht ist. Sie müssen nur an den Rippen und den Dornfortsätzen entlangschneiden.

Der Bauch und die Rippen sind so nicht unbedingt zum Verzehr geeignet, da sie sehr fettig sind. Von dem Rippenstück können Sie die Rippen im Ganzen abschälen (Schälrippchen) oder mit dem Rippenzieher einzeln auslösen, dann erhalten Sie etwas mehr Fleisch. Der komplette Bauch und die Rippen sind gut zum Füllen geeignet, sie sollten dafür aber nicht zu fettig sein. Dazu schneiden Sie zunächst die Schwarte ein, damit sie schön kross wird. Dann schneiden Sie mit einem flach gehaltenen langen Messer knapp über den Rippen eine Tasche in das Fleisch. Diese Tasche können Sie beispielsweise mit Backpflaumen und Zwiebeln füllen.

Der Bauch ohne Rippen – Wamme genannt – ist normalerweise nur für die Wurstfabrikation geeignet. Gekocht mit Schwarte ist er eine gute Grundlage für eine Suppe oder kalt aufgeschnitten und mit Aspik als Sauerfleisch geeignet. An der vorderen Seite der Rippen befindet sich die Brustspitze oder auch Dicke Rippe.

Die schwer verwertbaren Teile kurz pökeln und räuchern.

Die schwer zu verwertenden Teile (Dicke Rippe, Schälrippchen, Schweinebacke, Eisbeine) sollten Sie kurz pökeln und räuchern, um daraus Suppen zu kochen oder diese Teile als Aromaträger in Erbsensuppe, Sauerkraut oder Grünkohl mitzukochen.

Die Knochen, die Pfötchen und der Kopf werden mit wenig Wasser, einigen Zwiebeln und Gewürzen für eine Sülze gekocht. Diese braucht nicht unbedingt eingekocht zu werden, denn im Kühlschrank hält sie sich einige Tage, besonders dann, wenn sich an der Oberseite reichlich Schmalz abgesetzt hat. In einer vierköpfigen Familie kann man die Portion locker in zehn Tagen essen, beispielsweise als Mittagessen zu Bratkartoffeln.

Den Kopf vor dem Kochen eine halbe Stunde kalt wässern.

Hinweis: Den Kopf wässern Sie vor dem Kochen eine halbe Stunde in kaltem Wasser, damit das Blut herausgezogen wird.

Vor einem halben Schwein müssen Sie keine Angst haben. Die beiden Pfoten kommen entweder weg oder Sie kochen diese mit den Schwarten als Sülze, oder Sie kochen „Snuten un Poten", das hamburgische Nationalgericht. Der Kopf wird abgekocht und ergibt eine Schüssel Sülze für vier Personen. Aus der Keule wird Schinken, die Schulter evtl. auch zu Schinken oder zu Braten, die Bauchseiten werden zu Speck, der Rücken wird zu Koteletts, das Filet ist zum Kurzbraten, dann gibt es noch zwei Eisbeine und das Schwein ist weg! Ein halbes Schwein kostet zur Zeit etwa 2,50 bis 3 Euro pro Kilogramm, macht bei 40 kg etwa 100 bis 120 Euro, das kostet einmal gut Essengehen für zwei Erwachsene mit zwei Kindern aber auch.

Einfrieren

Die Schweine komm' zur letzten Ruhe
in des Bauern Tiefkühltruhe.

Wenn Sie ein Schwein für Braten zerlegen, dann werden Sie die einzelnen Stücke aller Voraussicht nach einfach einfrieren, um sie zu konservieren. Beim Einfrieren sollten Sie sich vor Augen halten, dass eine Kühltruhe nur kleine Mengen an Fleisch auf einmal einfrieren kann. Eine leere Truhe mit 40 kg Fleisch vollzustopfen und zu hoffen, dass dieses schnell durchfriert, ist eine Illusion. Besser Sie haben mehrere Truhen und teilen das Fleisch zum Durchfrieren auf mehrere Truhen auf. Später können Sie es ja wieder in einer Truhe zusammenfassen.

Teilen Sie das Fleisch zum Einfrieren auf mehrere Kühltruhen auf.

Sie sollten das Fleisch in Vakuumbeuteln einschweißen, denn dadurch verlängert sich die Haltbarkeit, es gibt keinen Gefrierbrand und die Stücke sind nach dem Auftauen richtig appetitlich.

Bei dem schon angesprochenen Hackfleisch ist es wichtig, die Tüte schön flach zu halten, damit das Fleisch schnell wieder auftauen kann. Dadurch wird auch vermieden, dass einzelne Klumpen zum Auftauen zu lange brauchen und sich die Mikroorganismen vermehren können.

Hinweis
Vakuumtüten sind ein richtiger Kostenfaktor: Teilweise kosten Markenbeutel 50 Cent pro Stück, wer da eine Scheibe Bauchfleisch oder Hundefutter einschweißt, der spart nicht wirklich.

Hinweis zum Einfrieren von großen Mengen Suppe

Ich friere Wurstbrühe immer in Plastikbeuteln ein, die ich in große Plastikeisbecher stelle, damit sie nicht umfallen. Die Beutel sind zunächst aufgekrempelt, damit die Brühe in kleinen Portionen erkalten kann, dann erst sollten Sie die Beutel zubinden und einfrieren. Wenn die Brühe eingefroren ist, kann man die Eisbecher wieder entfernen. Man kann die Beutel auch zuschweißen und dann flach hinlegen, damit die „Platte" später besser auftaut.

Kleine Portionen in offenem Beutel auf Raumtemperatur bringen, dann zubinden und einfrieren.

Große Mengen Lebensmittel herunterzukühlen ist nicht einfach, ein normaler Kühlschrank hat kein Gebläse und wenn die Speisen noch dampfen, dann gefriert das Wasser an der Rückwand. Eine heiße Brühe in die Kühltruhe zu stellen ist schlecht, weil die Truhe nur einige Kilogramm pro 24 Stunden einfrieren kann. Auch ist eine Kühltruhe gut isoliert, der große Eimer wird zwar außen kalt, aber die Brühe in der Mitte ist zu lange in dem Temperaturbereich, in dem sich die Bakterien vermehren, so verdirbt die Brühe unweigerlich. Das merkt man aber erst wieder beim Auftauen. Also: Kleine Portionen in offene Beutel auf Raumtemperatur bringen oder im Winter nach draußen stellen und herunterkühlen, erst dann die Beutel schließen und einfrieren.

Beachten Sie auch, dass die warme Ware in der Kühltruhe nicht nur nicht durchfriert, sondern auch die schon vorhandene Ware erwärmt.

Hinweis

Jeder am Wursten Interessierte hat nach einigen Jahren eine stattliche Anzahl an Gefriertruhen im ganzen Haus verteilt. Auch in der Garage oder der Scheune. Im Sommer gibt das kaum Probleme, aber im Winter, so absurd das auch klingt. Ein Kühlschrank oder eine Gefriertruhe braucht ein gewisses Temperaturgefälle, damit die Kühlung funktioniert. Steht die Truhe in einer zu kalten Umgebung, dann kühlt das Aggregat nicht mehr richtig, die Truhe wird zu warm. Schon 7 °C Umgebungstemperatur reichen, damit einer unserer Kühl-Gefrierkombinationen nur noch -5 °C aufweist, was das Fleisch bereits weich werden lässt. Kaufen Sie günstige Gefrierthermometer, dann kennen Sie die genaue Temperatur und können ggfs. umlagern.

Das Problem beim Abkühlen von Speisen in geschlossenen Plastikbehältern sind die Salmonellen und andere Keime. Diese sind in der ganz normalen Umgebungsluft vorhanden und sammeln sich in dem Schwitzwasser unter dem Deckel. Dort werden sie hervorragend von der Speise darunter gewärmt und können sich bestens vermehren. Dann fällt der Tropfen in die Speise darunter und kontaminiert das komplette Essen. Bei einigen Mikroorganismen nützt auch das spätere Wiedererwärmen nichts, weil deren Stoffwechselprodukte giftig sind und durch das Erhitzen nicht zerstört werden.

Zerlegen für Wurst und Schinken

Der Ablauf

Das Zerlegen eines Schweines für die Wurstherstellung ist relativ einfach, die Stücke müssen nur in handliche Portionen geteilt werden, denn sie werden im Anschluss noch weiter zerkleinert. Beim Zerlegen sortieren Sie die einzelnen Fleischstücke bereits den verschiedenen Wurstsorten zu, am besten in markierten Wannen. Dabei sollten Sie auf den unterschiedlichen Fettgehalt der Sorten achten. Die einzelnen Wannen werden dann dem Rezept entsprechend weiterverarbeitet.

Die Fleischstücke schon beim Zerlegen nach Wurstsorten sortieren.

Die einzelnen Fleischsorten

Filet: Beim Filet handelt es sich um das edelste Teil des Schweins, das aufgrund seiner geringen Größe eigentlich immer – auch bei der Wurstproduktion – zur Seite gelegt wird, um es als eine Delikatesse zu braten. Es ist einfach zu schade, um in einer Mettwurst zu verschwinden.

Filet ist für die Wurstproduktion zu schade.

Nacken: Beim Nacken handelt es sich um ein durchwachsenes Stück, das ideal für die Verarbeitung zu Mettwurst geeignet ist. Lösen Sie den Nacken grob aus, das Fleisch am Knochen wird abgekocht und landet dann in einer Knack- oder Leberwurst oder in der Sülze.

Rücken: Am Rücken befindet sich eine Schwarte, darunter eine Speckschicht, der Rückenspeck, und wiederum darunter der große Muskel, der von einer sehr zähen und langen Silberhaut abgedeckt wird. Unter dem Muskel sitzt das Rückgrat, auf der einen Seite die Dornfortsätze – je nach Kunst des Metzgers halb oder gar nicht oder ganz, denn hier wurde das Schwein in zwei Hälften getrennt. Auf der anderen Seite sind die Rippen, die am Rückgrat abgesägt als Baby-Back-Ribs verkauft werden. Am einfachsten ziehen Sie zunächst den Rückenspeck ab, dann lösen Sie den langen Rückenmuskel – den Schweinelachs – aus und ziehen die Silberhaut ab, die in den Müll kommt. Der Rückenspeck wird abgeschwartet und entweder in einer Mettwurst verarbeitet, oder gekocht, um dann als Einlage in einer Rotwurst zu enden.

Ziehen Sie zunächst den Rückenspeck ab und lösen den Schweinelachs aus

Rippen: Die Seite mit den Rippen können Sie auf verschiedene Art bearbeiten. Ich bevorzuge es, die Rippen im Ganzen abzuschälen und als Spare Ribs mit viel Fleisch daran zu smoken. Eine andere Möglichkeit ist, die Rippen mit einem Rippenzieher zu entfernen und dann die Speckseite einzusalzen und zu räuchern. Wer viel Wurst machen will, der braucht den fetten Bauch und die Rippen für die Mettwurst. Dann wird der Bauch von den Rippen getrennt und in Streifen geschnitten, um dann abgeschwartet zu werden. Etwas davon muss auf jeden Fall gekocht werden, wenn es später Kesselfleisch zum Frühstück geben soll. Ein Schweinebauch ohne Rippen und Schwarte wird als „Kutterbauch" gehandelt.

Wamme: Der untere Teil der Schweineseite, ohne Rippen, wird Wamme genannt. Der Griff – die Milchleiste – wird meist abgetrennt und als Hundefutter oder als Fett für die Knackwurst verwendet. Die Wamme ist ebenfalls gut als Fett für eine Leberwurst zu gebrauchen.

Schulter: Eine der größeren Fleischportionen und dazu noch mit Fett durchwachsen, daraus kann man jede Menge gute Wurst machen. Wenn Ihnen die Fertigkeiten fehlen, um das Schulterblatt nach Fleischerart herauszuziehen – dazu gehört schon etwas handwerkliches Geschick und vor allem viel Erfahrung –, dann schneiden Sie einfach das Fleisch ab, das Sie erreichen können. Die Knochen kommen dann in den Kessel und das gekochte Fleisch wird abgesammelt und in einer Leberwurst, einer Knackwurst oder in einer Sülze verarbeitet und ist somit nicht verloren.

Aus der Schulter kann man viel gute Wurst machen.

Keule: Die Keule ist das wertvollste Stück des Schweins und „muss ins Geld gebracht werden", wenn an einem Schwein professionell Geld verdienen will. Da bei einem halben Schwein die Keule aber gewichtsmäßig das gleiche kostet wie das Filet oder das Pfötchen, kann man die Keule auch für Mettwurst verwenden.

Das hat zusätzlich den Vorteil, dass man die großen Fleischpartien besser von Sehnen befreien kann und so beim Genuss der Wurst keine Fäden zwischen den Zähnen hat. Ein Schinken sollte immer geteilt werden und auch als geräucherter Schinken nur geteilt verarbeitet werden, da ein Schinken im Ganzen sehr anfällig für Verderb ist.

Tipp

Schneiden Sie zuerst die Schinkenstücke zum Pökeln zu, sodass Sie die Abschnitte, die ja gutes Fleisch sind, noch in einer Mettwurst verarbeiten können. Wenn Sie hingegen die Schinken erst zum Schluss zuschneiden, stehen Sie vor einem Pfund Abschnitten, die sich schlecht weiterverarbeiten lassen, da alle Wurstsorten bereits fertig sind. Wenn die Kochwurst im Kessel brüht, dann können Sie den fertig zugeschnittenen Schinken in aller Ruhe einsalzen.

Sollen die Eisbeine mitgekochen werden, schneiden Sie sie auf, damit sie flacher sind und schneller garen.

Eisbein: Eisbeine sind entweder als Einlage in einer Sülze oder einer Rotwurst geeignet oder Sie führen sie ihrer eigentlichen Bestimmung als Eisbein mit Sauerkraut zu. Ich bevorzuge es, die Eisbeine einzusalzen und sehr dunkel zu räuchern, um diese dann in eine Erbsensuppe zu geben. Sollten sie die Eisbeine mitkochen, ist es vorteilhaft, diese etwas aufzuschneiden, damit sie flacher sind und schneller durchgaren.

Pfoten: Die Spitzbeine (Pfoten) werden heute in der industriellen Verarbeitung schon im Schlachthof abgetrennt und nach China verschifft, weil dort die gallertige Struktur beliebt ist. Früher wurden die Pfötchen gepökelt und in einer Graupensuppe gekocht. Das „Abschlabbern" der gelartigen Pfötchen muss man aber wirklich mögen. Mein Fall ist es nicht und so kommen die Teile in den Schlachtkessel und werden mitgekocht. Später freuen sich die Hunde über einen leckeren Snack.

Kopf: Der Kopf wird eine halbe Stunde gewässert und dann gleich als erstes mit dem Knochen nach unten in den Kessel gegeben, damit er schön lange kocht, die Knochen auseinanderfallen und sich das Fleisch bequem absammeln lässt. Bei halben Schweinen ist der Bregen (das Gehirn) nicht mehr drin. Ob diese halbe Handvoll nun in der Bregenwurst landet oder nicht, das macht geschmacklich keinen Unterschied. Aber ohne Bregen muss die Wurst nicht gebrüht werden. Die Schwarte mit dem Fleisch dran heißt Maske und wird auch gerne als Einlage bei „Mett mit Schnauze" verwendet. Besonders beliebt bei den Schlachtern ist ein kleiner Muskel, der den Rüssel bewegt und wirklich lecker ist, besonders frisch aus dem Kessel.

Wenn Sie die Backe kochen wollen, sollten Sie sie auf der Fleischseite 2–3 mal anschneiden.

Backe: Die Backe ist in Deutschland eigentlich nur als Fett für Kochwurst bekannt. In Italien wird der als Guanciale bekannte Speck daraus gemacht, der einen speziellen Schmelzpunkt besitzt und für Spaghetti Carbonara verwendet wird. Wenn Sie genug Schweinebacke haben, dann können Sie diese mit Schinken zusammen salzen und räuchern, damit sie dem Braunkohl Glanz verleihen kann. Im Braunkohl ist die geräucherte Schweinebacke eher Gewürz und Fett als eine Fleischeinlage. Kopffleisch und Backe kann man stundenlang kochen, ohne dass es die Form verliert und zerfällt.

Wenn Sie die Backe im Kessel kochen wollen, dann sollten Sie diese zwei- bis dreimal von der Fleischseite her anschneiden. Wenn sich

Eiterbeulen am Tier befinden, dann hier. Außerdem gart die Backe dann schneller.

Innereien und Sonstiges

Geschlinge: Beim Aufbrechen wird das Geschlinge entfernt und für den Tierarzt an einen Haken gehängt. Dabei handelt es sich um die Zunge, die Luftröhre, die Lunge, das Herz und die Leber. Die Lunge findet heutzutage kaum noch Liebhaber, die Zunge und das Herz können in die Rotwurst, die Leber ist wichtig für die Leberwurst. Da bleiben nur noch die Luftröhre und einige Reste Zwerchfell, das weggeworfen werden kann. Alles was Sie nicht essen möchten, schneiden Sie zum Schluss in Streifen und lassen es durch die grobe Scheibe des Fleischwolfes. Mit Reis aufgekocht ein Hunde-Festessen.

Fettarten: Beim Schwein – wie übrigens bei jedem anderen Tier – gibt es verschiedene Arten Fett, die sich deutlich in ihren Eigenschaften unterscheiden. Der kernigste, also der festeste, ist der Nacken- und Rückenspeck. Dann gibt es noch den weichen Speck, der in der Schweinebacke vorkommt. Das Fett zwischen den Bauchmuskeln liegt in der Mitte der Schmelzpunkte. Das Fett im Körperinneren – die Flomen – liegt innen am Rücken an und kann als Ganzes entnommen werden. Es wird auf eine flache Platte gelegt und erkaltet dort. Die dünne, zähe und pergamentartige Haut muss abgezogen werden.

Je härter die Wurst werden soll, desto härter muss das Fett sein.

Die letzte Art von Fett ist im Netz um die Därme gebunden. Das Knochenöl ist in den Knochen gebunden und kann aus diesen ausgekocht werden. Besonders bei Kalbsfüßen liegt der Schmelzpunkt besonders niedrig, weil die Temperatur der Beine des Kalbes deutlich unter der normalen Körpertemperatur liegen kann. Als grober Anhaltspunkt gilt: je härter die Wurst später werden soll, desto härter muss auch das Fett sein. So ist für eine Mettwurst, die luftgetrocknet wird, der kernige Rückenspeck genau richtig. Er findet aber auch als Einlage in einer Rotwurst Verwendung. Der Bauchspeck mit den Rippen sollte gesalzen und geräuchert werden oder er kommt mit in die Mettwurst. Der weichere Speck aus dem Unterteil des Bauches (der Teil ohne Rippen) sowie die Backe kommen gekocht in die Leber- und Knackwurst. Wenn die

Flomen nicht als Schmalz ausgelassen werden, dann können sie durchgedreht in eine Grützwurst, mit Getreideschrot als Grundlage, verarbeitet werden.

Speck: Der Rückenspeck ist die Fettart, die auf jeden Fall entweder kalt in eine Mettwurst gehört oder angekocht als Einlage in eine Blutwurst. Der Rückenspeck ist nicht nur als Speck wertvoll, sondern die daran festgewachsenen Schwarten sind für die Kochwurst als Bindemittel wichtig. Besonders interessant ist der Speck von richtigen Fettschweinen, der durchaus fünf bis sieben Zentimeter dick sein kann, wobei man eher das Gefühl hat, einen Wal zu flensen, als ein Schwein zu schlachten. Aus diesem Speck macht man in den Alpen den Kübelspeck und in Norddeutschland den grünen Speck, der nur leicht gesalzen und nicht geräuchert wird. Leider ist der Speck im Großhandel nur noch schlecht zu bekommen. Falls man ein Schwein schlachtet, das eine solche Speckschicht aufweist, dann hat man schon richtige Probleme, den Rest des Schweins auch noch anständig zu verwerten.

Um das Blut anzuwärmen, stellen Sie eine Schüssel in einen Eimer mit heißem – nicht kochendem – Wasser.

Blut: Da das Blut sehr leicht verderblich ist, wird es meist sofort in die Kühlung gegeben und verbleibt dort den ganzen Tag, bis dann zum Schluss die Blutwurst gemacht wird. Geben Sie das Blut in Plastiktüten, die dann zugeknotet werden. Legen Sie die Tüte auf jeden Fall in einen Eimer, für den Fall, dass sie doch nicht richtig dicht sein sollte. Die Tüte sollte so groß sein, dass Sie zum späteren Ausgießen eine Ecke nach oben ziehen und als Ausguss abschneiden können.

Wenn Sie das Blut später weiterverarbeiten, ist es bereits so kalt, dass die Schwarten darin abkühlen und gelieren, bevor die Wurstmasse gemischt und abgefüllt ist. Das Blut sollte folglich immer die gleiche Temperatur haben wie die Schwarten und die anderen Zutaten der Wurst. Dann verbindet sich alles deutlich besser. Um das Blut wieder aufzuwärmen stellen Sie es am einfachsten in einen Eimer mit heißem Wasser oder Sie hängen es in das warme Wasser einer Feldküche. Achten Sie aber darauf, dass der Rand des Kessels so heiß sein kann, dass die Plastiktüte sofort schmilzt. Achten Sie auch darauf, das Blut nicht zu kochen, dann stockt es und Sie können es in Scheiben schneiden, aber keine Rotwurst mehr daraus machen.

Gekauftes, abgepacktes Blut ist meist schon gesalzen, sodass Sie für den Blutanteil in der Rotwurst das Salz weglassen sollten. Hinterher noch etwas Salz dazuzugeben ist einfacher als es rauszunehmen. Blut gibt es auch getrocknet als Pulver zu kaufen. Für meine Kurse habe ich davon immer einen kleinen Vorrat in der Hinterhand, falls ein Teilnehmer das Blut verschütten sollte.

Schwarten: Der „Kleber" in der Kochwurst sind die Schwarten. In der Haut der Schweine ist Kollagen eingelagert, das durch Kochen aufgeschlossen wird und als klebrige Substanz – wie Aspik oder Gelatine – die festen Bestandteile der Wurst zusammenhält. Schwarten werden gekocht, dann gewolft und der Wurstmasse möglichst heiß beigemengt. Beim Erkalten wird die Schwarte klebrig und bindet die Wurstmasse. Aus diesem Grunde sollten Sie die Schwarten nach dem Kochen möglichst heiß verarbeiten und zum Schluss etwas anderes durch den Wolf geben. Heben Sie beispielsweise eine gekochte Zwiebel auf und lassen Sie diese zum Schluss durch, so wird der Wolf deutlich einfacher zu reinigen sein.

Wenn Sie viel Mettwurst herstellen, dann haben Sie mehr Schwarten zur Verfügung, als Sie benötigen. Kochen Sie trotzdem alle Schwarten auf einmal, denn falls Sie doch mehr benötigen, haben Sie genug abgekocht und können sich die besten Stücke heraussuchen. Ein paar gekochte Schwarten wegzuwerfen ist kein großer Schaden. Alternativ mischen Sie die restlichen gekochten und gewolften Schwarten einfach mit dem restlichen Blut und füllen diese Masse in Därme. Nach dem Brühen und Abkühlen haben Sie eine hervorragende Wurst als Hundefutter, die sich einige Tage hält und das Schlachtefest für die Fellkinder etliche Tage ausdehnt und zur Festwoche werden lässt.

Gekochte Schwarten für die Rotwurstherstellung.

Schwarten sind der Kleber in der Kochwurst.

Herz: Das Herz zählt zu den Innereien und ist eine gute Einlage für eine Rotwurst, es sollte aber deutlich länger kochen als Muskelfleisch. Auch sind besonders bei älteren Tieren viele Sehnen und Verknöcherungen vorhanden, die großzügig herausgeschnitten werden müssen.

Zunge: Die Zunge ist eine klassische Einlage für Rotwurst, die entweder in Stücken oder im Ganzen in Rinderbutten verwendet wird, da andere Därme dafür eigentlich zu klein sind. Nach dem Kochen der Zunge wird diese mit kaltem Wasser abgeschreckt, sodass man sie gerade so anfassen kann. Dann wird sie mit einem Löffel geschält, also die raue Haut abgezogen, und alle Knorpel und das Zungenbein abgeschnitten. Das Abziehen gelingt nur bei einer möglichst heißen Zunge. Sie ist gar, wenn sich die Haut ablöst und die Spitze der Zunge mit den Fingern durchgedrückt werden kann.

Für Zungenragout wird eigentlich Rinderzunge genommen, aber es geht auch mit Schweinezunge, wenn man zwei oder drei verwendet. Diese sollten zuvor mit Pökelsalz eine Woche im Kühlschrank pökeln oder mit Pökelsalz gekocht werden, um die rote Farbe zu erhalten. Die Jäger unter den Lesern können auch schon eine Reihe Zungen von Wildschweinen einsammeln, mit Pökelsalz einvakuumieren und im Kühlschrank einige Wochen sammeln, um sie dann beim Schlachttag mit in der Rotwurst unterzubringen.

Die Nieren isst man traditionell frisch aus dem Kessel mit Pfeffer und Salz.

Nieren: Es lohnt sich nicht, die beiden Nieren, bzw. bei einem halben Schwein je nach Lieferzustand keine oder eine, aufzuheben. Sie werden im Schlachtekessel mitgekocht und gleich nebenher verzehrt. Ein Holzbrett, ein Teelöffel Salz und Pfeffer drauf, dann die Niere einmal quer durchschneiden und die Röhren entfernen, in mundgerechte Stücke schneiden und jeder nimmt sich ein Stück auf die Hand, stippt es in das Salz und den Pfeffer und ab in den Mund.

Leber: Nach dem Aufbrechen sollten Sie – je nachdem, was der Tierarzt möchte – die Galle sofort entfernen oder an der Leber belassen. Früher oder später muss sie auf jeden Fall ab – je früher desto besser, nicht dass da noch ein Unglück passiert. Dann schneiden Sie die groben Röhren heraus und verwenden die Leber für die Leberwurst. Dafür kann die Leber entweder roh verwendet werden oder sie wird einfach für zwei Minuten in den Schlachtekessel geworfen und kurz übergebrüht, sodass sie sich besser wolfen lässt und etwas wärmer wird. Durchgekochte Leber ist für Leberwurst nicht mehr zu gebrauchen, da sie die benötigten emulgierenden Eigenschaften verloren hat.

Milz: Früher wurden aus der Milz noch Milzklößchen gekocht. Das ist aber heutzutage aus der Mode gekommen. Wer möchte, kann die Milz abgekocht als Hundefutter verwenden.

Flomen: Flomen sind die im Körperinneren liegenden Fettpartien, die sich stückweise aus jeder Körperhälfte entnehmen lassen. Aus den Flomen wird – nachdem die pergamentartige Haut abgezogen ist – das Flomenschmalz ausgelassen und im Winter als Bratfett verwendet.

Ohren und der Ringelschwanz: Früher wurde von dem Schwein bis auf das Quieken alles gegessen. Somit musste auch für den Ringelschwanz und die Ohren eine Verwendung gefunden werden. Diese beiden Teile wurden gepökelt und später in einer Graupensuppe mit den Pfötchen gekocht.

Knochen: Die Knochen wurden früher gepökelt und dann nach und nach als Suppengrundlage gekocht. Ich bevorzuge es, die Knochen im Kessel mit dem Fleisch auszukochen und dann das Fleisch abzusammeln und in eine Sülze oder Knackwurst zu geben. Die Schlachtebrühe koche ich dann ein, das ist praktischer als mehrmals im Jahr anzufangen und die Knochen zu wässern und die Brühe aus alten Knochen frisch zu kochen.

Nach dem Abkochen lassen Sie die Knochen abkühlen und sammeln das Fleisch ab.

Kapitel 9

Wurst und Schinken selbermachen – Grundsätzliches

Wie anfangen?

Organisation am Arbeitsplatz

Ein halbes Schwein für Braten zu zerlegen ist eine relativ einfache Sache. Ein halbes Schwein so weit zu zerlegen, dass man davon Wurst und Schinken machen kann, ist schon schwieriger. Aber ein halbes Schwein zu zerlegen und fünf bis sieben Wurstsorten, jeweils im Darm und in der Dose, sowie Schinken und Speckstücke zum Räuchern herzustellen, das ist eine komplett andere und deutlich komplexere Aufgabe. Dabei geht es um Organisation am Arbeitsplatz. Mehrere Sorten Fleisch für verschiedene Wurstsorten kochen auch unterschiedlich lange und sind darum zu unterschiedlichen Zeiten fertig. Auch werden sie entweder sofort heiß verarbeitet, oder zwischengelagert, um sie später zu verarbeiten. Da muss der Hausschlachter schon einen klaren Kopf behalten und einige helfende Hände um sich haben, die mit anfassen können.

Teilen Sie die Arbeit auf zwei Tage auf.

Es ist überhaupt nicht ehrenrührig, wenn Sie sich zu Anfang die Arbeit aufteilen und an zwei Tagen arbeiten. Früher hatte der Hausschlachter im Dorf mehrere Kunden, die in einer Woche schlachten wollten, da wurde von frühmorgens bis in den Abend hinein gearbeitet und am nächsten Tag ging es wieder von vorne los. Heute ist das aber nicht mehr notwendig. Kaufen Sie sich ein halbes Schwein, am besten grob zerlegt, dann brauchen Sie nur ein Messer und müssen nicht mehr sägen. Am Freitag Nachmittag zerlegen Sie das Schwein und machen die Mettwurst und die Bregenwurst und legen den Speck und den Schinken ein. Dafür müssen Sie nicht einmal einen Kessel anheizen. Soll von der Wurst noch etwas in Dosen oder Gläser abgefüllt werden, dann werden das sicherlich nicht mehr als 40 Dosen und die passen in einen großen Einkochautomaten und können ohne großen Aufwand quasi nebenher zugekocht werden, während man die Schlachteküche schon wieder aufräumt.

So vorbereitet müssen Sie am Samstag nur noch die Kochwürste herstellen – was schon anstrengend genug ist –, der Rest ist schon ganz entspannt am Vortag erledigt worden. Zuerst werden der Kessel angeheizt und die Zwiebeln gebrüht, dabei kommt auch schon das Kochfleisch in den Kessel. Nach einer Stunde sollten die erste Stücke gar sein und die Wursterei kann beginnen. Es bleiben ja nur noch Knackwurst, Leberwurst, Rotwurst und Sülze übrig, was eigentlich locker zu schaffen sein sollte. Auch steht man beim Kochen des Fleisches daneben und ist nicht mit der Mettwurst abgelenkt wie bei dem vollen Programm. Auf dem Tisch stehen dann auch nur noch vier Wannen, statt der sechs bis sieben, wenn man das komplette Programm an einem Tag durchzieht. Das Aufteilen auf zwei Tage hat einen weiteren Vorteil: Da solch ein Schlachten heutzutage meist im Vorfeld eines Schlachtefestes stattfindet, ist man am Samstag, wenn im Anschluss gefeiert wird, nicht so erschlagen von der Arbeit und mit der Wurst auch einige Stunden vorher fertig. So haben die Helfer und der Hausschlachter mehr von der Feier, weil das zweite Bier nicht gleich den Vorhang fallen lässt.

Allgemeines zu den verschiedenen Wurstarten

Bei Würsten unterscheidet man grob nach der Art der Herstellung:

Bei Rohwürsten wird das Fleisch, wie der Name schon sagt, roh verarbeitet und anschließend luftgetrocknet und/oder geräuchert. Rohwürste sind also niemals gekocht und bestehen auch nicht aus gekochten Teilen, höchstens aus abgekochten Zwiebeln wie bei der Bregenwurst. Typischer Vertreter ist die luftgetrocknete Mettwurst oder Salami.

Würste unterscheidet man nach der Art der Herstellung in: Roh-, Brüh- und Kochwürste.

Bei Brühwürsten – die in der Industrie in großen Mengen hergestellt werden, aber in der Hausschlachtung weniger eine Rolle spielen – wird das rohe Fleisch meist im Cutter verarbeitet und dann später für eine bessere Haltbarkeit und Schnittfestigkeit bei rund 80 °C gebrüht. Hier wäre die Mortadella oder die feine Bratwurst oder Bockwurst zu nennen. Als Kleber dient der Fleischsaft und das darin enthaltene Fibrin. Typisch für Brühwürste ist, dass sie beim erneuten Erhitzen ihre Form behalten.

Bei den Kochwürsten werden gekochtes und/oder rohes Fleisch, Fett und Innereien zerkleinert und weiterverarbeitet. Dafür sind Leber-, Knack- und Rotwürste typische Vertreter. Nach der Verarbeitung wird die Kochwurst zwischen 70 und 80 °C gebrüht und je nach Rezept geräuchert. Eine Kochwurst ist nach dem Brühen in kaltem Zustand schnittfest, nach dem erneuten Erhitzen aber wieder flüssig.

Bei Sülzen wird das gekochte Fleisch mit einer Brühe übergossen, die entweder viele Schwarten enthält oder mit Aspik angesetzt wurde, um nach dem Einkochen oder nach dem Erkalten zu gelieren und eine schnittfeste Konsistenz zu erreichen. Als typische Vertreter sind Corned Beef oder Schweinskopfsülze zu nennen, aber auch Eisbein im Glas.

Tipps zum Start

Probieren Sie zunächst einzelne Rezepte.

Zu Beginn Ihrer Hausschlachterkarriere ist es das Einfachste, sich eine kleinere Menge Fleisch, Speck und Gewürze zu kaufen und ein Rezept nach dem anderen auszuprobieren. Das geht in einer normalen Haushaltsküche und kostet nicht viel Wareneinsatz. Der Vorteil ist, dass Sie die Rezepte vorweg probieren können, um zu sehen, ob Ihnen alles gefällt und der Geschmack zusagt.

Die Mengen

Die Fleischmengen, ab denen sich das Wursten lohnt, beginnen deutlich über 3 kg. Im normalen Fleischwolf bleiben schon einige hundert Gramm hängen, die sich nicht weiter verarbeiten lassen. Im einfachen Dick-Wurstfüller bleiben dann noch mal bis zu 500 Gramm – je nach Füllstutzen – hängen, die sich nicht mehr in den Darm drücken lassen. Ein Räucherschrank verbraucht die gleiche Menge Räuchermehl, egal ob er komplett gefüllt ist oder nur eine einzelne Mettwurst darin hängt. Mengen um 10 kg lassen sich noch mit einfacheren Mitteln bewältigen. Das hat auch den Vorteil, dass das Umrechnen der Gewürzmengen sehr einfach ist. Eine einfache Stracke liegt bei etwa 800–1000 g Frischgewicht, somit können zehn bis zwölf Würste hergestellt werden. Das Aufräumen und das Reinigen der benötigten Geräte dauert fast länger als das Herstellen der Würste.

Bei der Fertigung von zehn Würsten ist natürlich die Gefahr groß, dass man viel wegwerfen muss, falls der erste Versuch in die Hose geht, aber andererseits hat man auch genug Vorrat, wenn die Wurst gut geworden ist. Das finanzielle Risiko liegt – je nach Einkauf – bei zehn Kilo zwischen 30 und 50 Euro, also im überschaubaren Rahmen.

Kaninchenwurst und andere Irrwege

In vielen Büchern über Wurstherstellung werden auch „Spezialitäten" wie Kaninchen-, Reh- oder Entenwurst vorgestellt. In meinen Augen sind das Irrwege, denn um beispielsweise genug Masse für eine vernünftige Anzahl Kaninchenwürste zusammenzubekommen, müssen Sie etliche Kaninchen entbeinen. Was das fett- und geschmacksarme Kaninchenfleisch dann in der Wurst neben den 60 % Schweinebauch an Aroma beitragen soll, ist mir unklar. Rehwild muss ebenfalls in vernünftige Portionen zerlegt und mit reichlich Schweinebauch versehen werden, um daraus überhaupt eine Wurst fertigen zu können, die Bindung erhält.

Durch die Wahl von gutem Schweinefleisch und durch den Verzicht auf Reifebeschleuniger erreichen Sie eine Qualität, die so weit von jeder industriellen Wurst entfernt ist, dass Sie auf die Verwendung von Wildfleisch getrost verzichten können. Wildwurst ist nur dann sinnvoll, wenn Sie genug Fleisch günstig bekommen und die unedlen Teile nicht anders verarbeiten können. Hier ist aber Vorsicht angebracht, denn das letzte Gramm Fleisch des Ausschusses darf nicht in die Wurst, es verdirbt unter Umständen die ganzen Charge.

Ein Kilogramm, in mühsamer Kleinarbeit zurechtgefummeltes Hirschfleisch von den Rippen, bleibt schlechtes Hirschfleisch, nur jetzt mit der kostenintensiven Handarbeit, was dafür sorgt, dass Wurst aus schlechtem Hirschfleisch unverhältnismäßig viel Geld kosten muss. Machen Sie daraus lieber Hundefutter oder werfen Sie es in die Abfalltonne. Wie beim Geld: Werfen Sie schlechtem Geld kein gutes Geld hinterher – hier heißt das: Stecken Sie keine Arbeit in schlechtes Fleisch.

Hirschleberwurst beispielsweise kann Hirschleber und Hirschfleisch enthalten, aber auch Hirschfleisch und Schweineleber oder Schweinefleisch und Hirschleber. Wer bei einer Jagd eine Hirschleber von 3 kg beim Aufbrechen mitnimmt, der kann damit bei 30 % Leberanteil und 70 % fettem Schweinebauch 10 kg Hirschleberwurst herstellen.

Vorbereitung am Vortag

Überlegen Sie sich die Reihenfolge der Rezepte und die ungefähren Mengen, damit Sie genug Dosen und Därme bereitlegen können. Denken Sie auch daran, die Zwiebeln vorzukochen und ruhig mehr als benötigt, denn lieber drei gekochte Zwiebeln übrig behalten als eine zu wenig zu haben. Die Rezepte sollten Sie an praktischer Stelle an die Wand kleben, damit Sie diese später auch mit fettigen Fingern und ohne Brille lesen können.

Profi-Tipp

Ein Hosenbügel mit zwei Klammern ist ideal, um ein Kochbuch offen zu halten und ggfs. an einem Nagel in der Wand aufzuhängen.

Reifen von Wurst

Beim Reifen von Wurst ist es wichtig, den guten Mikroben einen schönen Rahmen zu bieten, damit sie sich gut entwickeln, dann haben die bösen Jungs keine Chance. Reifen heißt nicht trocknen, denn die Mettwurst soll ja nicht nur an Gewicht verlieren, sondern Geschmack und Aroma entwickeln und nur langsam die Feuchtigkeit von innen heraus abgeben. Die Wurst in einen trockenen Raum zu hängen heißt, dass sich außen um die Wurst sehr schnell ein Trockenrand bildet, der verhindert, dass die Feuchtigkeit aus der Mitte der Wurst abgegeben werden kann. Sie wird dann von innen heraus schlecht. Ein Trockenrand ist an der grauen Verfärbung im Anschnitt leicht zu erkennen.

Reifefehler

Trockenrand

Wenn die Außenfeuchtigkeit in dem Reiferaum zu gering ist, dann trocknet der äußere Rand der Wurst sehr schnell ein und bildet ein festes Außengerüst. Die Wurst trocknet zwar weiter, aber dabei schrumpft auch das Volumen des Bräts und die Außenhülle kann dem nicht mehr folgen, da sie die Elastizität verloren hat. In der Folge bilden sich im Inneren der Wurst Hohlräume, die recht schnell verschimmeln und ranzig werden. Diese Würste sind nicht mehr für den Verzehr geeignet. Im Frühstadium können Sie die Würste noch retten, wenn Sie sie vakuumieren und einfrieren.

Ob die Wurst die richtige Feuchtigkeit besitzt, merken Sie bei Mettwurst im Naturdarm am Wurstzipfel. Dieser muss gummiartig und eher weich sein, nicht hart und trocken.

Im Frühstadium lassen sich Würste mit Trockenrand durch schnelles Vakuumieren und Einfrieren retten.

Schrumpelige Wurst

Bei einigen Wurstsorten kann es vorkommen, dass diese beim Trocknen nicht prall gefüllt bleiben, sondern eintrocknen und „schrumpelig" werden. Das lässt sich ganz einfach dadurch erklären, dass nur das Fleisch Wasser verliert aber das Fett nicht. Je magerer eine Wurst, desto mehr schrumpft sie zusammen. Je fetter eine Wurst, desto weniger Gewicht verliert sie. Auch gilt: Je magerer, desto härter wird die Wurst beim Reifen, je fetter, desto weicher ist sie im Biss.

Wenn eine Wurst beim Reifen kein Gewicht verliert, dann wurde mit Reifebeschleunigern nachgeholfen, die das Wasser gelieren lassen. Die Wurst ist zwar hart, aber stramm im Darm und zeigt keinen Gewichts- oder Volumenverlust. Für die Hausschlachtung kommen solche Zusätze eigentlich nicht zur Anwendung.

Feuchter, schleimiger Belag während der Umrötung

Die Umrötung sollte bei recht hoher Luftfeuchtigkeit und Temperaturen nicht unter 9 °C durchgeführt werden. Sind die Temperaturen zu gering, dann kann es zum Beschlagen der Wurst kommen. Diesen Beschlag müssen Sie dann mit Salzwasser abwaschen. Füllen Sie dazu einen Eimer mit lauwarmem Wasser und lösen Sie so viel Salz, dass etwas davon ungelöst am Boden verbleibt. In diese Lösung tauchen Sie die Wurst und reiben sie einmal zügig mit einem sauberen Schwamm ab. Dann wird die Wurst in einen warmen Raum gehängt, um zu trocknen. Nach einigen Stunden hängen Sie die Wurst in einen Raum mit geringerer Luftfeuchtigkeit. Kontrollieren Sie immer regelmäßig die Luftfeuchtigkeit.

Regelmäßig die Luftfeuchtigkeit kontrollieren!

Weißer Flaum auf der Wurst

Während oder nach der Umrötungsphase kann es passieren – gerade wenn Sie bei relativ warmer Witterung schlachten – dass sich außen auf der Mettwurst ein weißer Flaum bildet. Die Wurst fühlt sich feucht und schleimig an.

Dieser Flaum ist im Gegensatz zum ebenfalls weißen Edelschimmel dreidimensional und bildet einen Rasen, wohingegen der Edelschimmel nur auf der Haut liegt. Es handelt sich dabei um Hefen, die sich beim Reifen über 85 % rel. Luftfeuchtigkeit bilden und sich recht leicht durch Abwaschen mit Salzwasser beseitigen lassen (s.o.).

Das kommt häufig vor, wenn das Wetter tagelang regnerisch und zu warm ist, dann zieht alles Feuchtigkeit und im Räucherschrank aus Metall läuft an der Innenseite das Wasser die Wand herunter. Das ist dann eigentlich der falsche Zeitpunkt zum Schlachten. Wenn Sie es planen können, vermeiden Sie einen Termin, an dem die nächsten Tage eine solche Wetterlage zu erwarten ist.

Schlecht gefüllt

Mettwurst stramm füllen und abbinden!

Eine Mettwurst muss wirklich stramm gefüllt werden und darf keine Hohlräume enthalten. Das beginnt beim luftfreien Füllen des Wurstfüllers mit viel Druck und Fingerspitzengefühl. Lieber drei Würste platzen beim Füllen als dass drei Würste zu locker gefüllt sind und hohl und schlecht werden. Die geplatzten Würste kann man aufschneiden und das Brät erneut verfüllen, die hohlen Würste jedoch kann man nur wegwerfen. Zusätzlich muss die Wurst auch richtig stramm abgebunden werden. Sie darf nicht zu lang sein, damit sich die beiden Enden nicht berühren und sich unten in der Kurve kein Knick bildet, der als Nährboden für Schimmel dienen könnte. Bei den Hukki-Därmen ist ein sorgsames Befüllen noch wichtiger, denn diese sind nicht so elastisch und folgen dem Brät nicht so wie ein Naturdarm. Daher löst sich der Darm auch leicht vom Brät. Das ist eigentlich auch nicht so schlimm, aber diese Wurst muss dann sofort verzehrt werden. Bei den Hukki-Därmen sollten Sie als Anfänger daher nur zu 3/4 der Länge füllen und mit der überstehenden Hülle – die Sie dann besser fassen können — kraftvoll zudrehen.

Sollten Sie auf der Außenseite Luftblasen finden, werden diese mit einer Pricknadel angestochen. Wer keine solche Nadel besitzt, der sticht zwei oder drei Nähnadeln mit dem stumpfen Ende in einen Weinkorken. So ein Wurstpricker gehört ebenso wie ein kurzes, scharfes Messer immer neben den Wurstfüller. Koch- und Brühwurst dürfen Sie aber auf keinen Fall pricken, denn dann laufen beim Brühen die Säfte aus und die Wurst wird trocken.

Zu lasch abgebunden

Wenn das Ende der Mettwurst nicht ganz stramm und prall gefüllt ist und sie dementsprechend auch zu schwach abgebunden wurde, dann hängt die Mettwurst schlaff nach unten und die beiden oberen Zipfel berühren sich. An dieser Stelle bildet sich dann leicht Schimmel. Die Wurst ist auch nicht richtig rund, sondern hängt schlaff nach unten und bildet unten noch eine zweite Falte, in der sich ebenfalls Schimmel bilden wird. Wenn am oberen Ende noch genug vom Darm übersteht und diese zu

Links: Der Darm löst sich vom Brät.
Rechts: Krumme Hunde

Links: Die hintere Wurst zeigt deutlich eine zu lasche Füllung mit faltiger Pelle und Lufteinschlüssen.
Rechts: An dieser Leberwurst hat sich etwas Fett abgesetzt.

packen sind, dann kann man die Wurst oben noch einmal nachbinden. Dazu nimmt man die Wurst – ohne das alte Band zu entfernen – an den Zipfeln mit Daumen und Zeigefinger und dreht die Wurst einige Mal um sich selbst, sodass mehr Spannung auf den Darm und die Enden kommt. Dann wird ein zweites Band für einen zweiten Knoten genutzt. Wenn das alles funktioniert hat, schneidet man die Enden vom Darm und vom ersten Band nach der Umrötungsphase und vor dem Räuchern ab. Diese Reparatur sollte nur am ersten Tag erfolgen, wenn der Darm noch richtig elastisch ist. Nach drei Tagen ist da nichts mehr zu machen. Die sauberste Lösung ist aber, den Darm aufzuschneiden und das Brät ein zweites Mal in die Maschine zu füllen. Manchmal fällt die lockere Füllung aber erst auf, wenn man schon die nächste Sorte Wurst macht. Eine andere Möglichkeit ist, diese Wurst zu markieren und relativ frisch als Streichmettwurst zu essen. Ansonsten kann man die Wurst auch unten im Knick einmal abbinden, was das Brät zu beiden Seiten drückt. Das ist aber auch nur ein Notbehelf.

Krumme Hunde

Beim Füllen von Rinder-Kranzdärmen zu Kringeln von etwa 600 Gramm Gewicht ist es von entscheidender Wichtigkeit, dass Sie der natürlichen Krümmung des Darms folgen und nicht gegen die Richtung arbeiten, die das Material vorgibt. Wenn Sie das trotzdem machen, erhalten Sie „Krumme Hunde", die wie ein verwickeltes Telefonkabel aussehen. Schmecken werden diese zwar nicht anders, aber sie nehmen unnötig Platz im Räucherschrank weg und sehen auch nicht sonderlich toll aus.

Folgen Sie der natürlichen Krümmung des Darms.

Reife- und Trocknungsphasen

Beim Füllen von Mettwurst gilt es, die spätere Reifungs- und Trocknungsphase zu beachten. Bei Bratwürsten, die fast das gleiche Brät verwenden, kommt es darauf an, dem Brät beim Braten noch die Möglichkeit zu geben, sich auszudehnen und den Säften Platz zu bieten. Hier ist eine lockere Füllung angesagt. Jede Mettwurst wird für sich gefüllt und abgebunden, bei Bratwürsten und einigen Kochwürsten können Sie den Darm locker in einer langen Wurst füllen und hinterher abdrehen und ggf. abbinden. Die Wurst beim Hausschlachten wird immer ein bisschen anders ausfallen. Das liegt am Wetter, den Schweinen, den Temperaturen, der Luftfeuchtigkeit und nicht zuletzt am Zusammenspiel all dieser Faktoren. Das kann man nur mit viel Erfahrung in den Griff bekommen. Die Industrie braucht dafür viel Chemie, reichlich Technik in Form von Reifeschränken und standardisiertes Ausgangsmaterial – das Deutsche Normschwein –, um immer das gleiche Ergebnis zu erreichen. Beim Hausschlachten kann mal ein Schinken (man rechnet einer von fünf) oder eine Rutsche Wurst schlecht werden, aber eigentlich nie alles. In der Industrie müssten dann gleich einige Tonnen von Lebensmitteln vernichtet werden.

In einigen Gegenden Deutschlands – beispielsweise dem Eichsfeld um Duderstadt oder in Hessen – wird das gleich Mettwurst-Brät in verschiedene Därme gefüllt. Die dünnen Schweine- oder Rinderkranzdärme werden zu Ringen geformt und liegen im Kaliber bei 30 bis 40 mm. Diese Würste sind schon nach wenigen Tagen verzehrfähig und werden als erste verbraucht. Die „Stracken" – also die langen Würste mit einem Kaliber zwischen 40 und 60 mm brauchen länger und sind erst nach den dünnen Würsten ausgereift. Am längsten ist die in Kälberblasen abgefüllte Wurst haltbar, sie braucht bis zu 12 Monaten zum Reifen. Als Feldkieker werden die Würste bezeichnet, die in das letzte Darm-Ende beim Schwein abgefüllt werden, das Stück, das „ins Felde kiekt", also das Teil mit dem After – vorzugsweise mit den Haaren dran. Im Handel wir das Stück als Fett-Ende bezeichnet, weil an der Darmhaut das Fett belassen wird.

Links eine frisch gefüllte Wurst, gerade umgerötet (2 Tage alt). Rechts zwei bzw. drei Wochen nach dem Räuchern.

Edelschimmel ist weiß, trocken und riecht nach Pilzen.

Edelschimmel

Bei der Herstellung von Salami und Mettwurst, aber auch bei Schinken ist Edelschimmel nicht bei allen Sorten gewünscht. Bei einer guten Salami ist weißer Edelschimmel für die Geschmacks- und Aromabildung aber unerlässlich. Es gibt verschiedene Arten von Schimmel: Die einen bilden Geschmack und Aroma und können mitgegessen werden, andere bilden als Stoffwechselprodukte Mykotoxine und sind für den Verzehr nicht geeignet. Zu letzteren gehören grüne, gelbe und schwarze Sorten. Der Edelschimmel ist weiß und trocken und hat einen pilzartigen Geruch. Schimmel, der feucht und schleimig ist, Haare oder Flaum besitzt und in anderen Farben als weiß auftritt, ist nicht gewünscht. Edelschimmel tritt bei Salami im Natur- und im Kunstdarm, bei luftgetrockneten Sorten, nur selten bei geräucherten Sorten sowie bei Schinken auf. Eigentlich kommt dieser Edelschimmel in Deutschland nicht flächendeckend vor, es kann aber immer mal sein, dass sich in einigen Reiferäumen dieser Belag ganz von selbst ansiedelt. Dann sollten Sie sich freuen und mit dem Edelschimmel arbeiten. Die Kultivierung von Edelschimmel geht bei Räucherwaren nicht gut, da die Rauchbestandteile auf der Wurst auch das Pilzwachstum hemmen, denn dafür räuchert man ja schließlich.

Die Sache mit dem Edelschimmel auf Schinken und Würsten ist nicht einfach erklärt. Zum einen ist Schimmel auf Lebensmitteln eigentlich nicht gewünscht, aber einige Sorten Schimmel sind nicht nur nicht gesundheitsgefährdend, manchmal verbessern sie sogar den Geschmack und verdrängen schlechte, gesundheitsgefährdende Schimmelsorten. Auf geräucherten Waren hält sich kein Schimmel richtig gut, weil die Räucherbestandteile auch fungizide Wirkung haben, also den Schimmel töten. Dafür wird ja schließlich auch geräuchert. In einigen Gegenden wird aber nicht geräuchert, sondern Wurst und Schinken nur an der Luft getrocknet. Dabei kann es sein, dass Schimmelsporen aus der Luft die Oberfläche besiedeln und einen geschlossenen weißen Belag bilden. Dieser Belag muss aber trocken sein und wie Pilz (Champignons) riechen. Auf keinen Fall darf der Schimmelbelag muffig oder faulig riechen oder sich schleimig oder feucht anfühlen. Bei lange genutzten Erdkellern und anderen Reifekammern steckt der Schimmel in den Wänden und befällt die Waren ganz von selbst. Um aus einem alten Keller mit der richtigen Schimmelkultur den eigenen Keller zu impfen, brauchen Sie nur mit einer Faserpelzjacke oder ähnlichem den Rücken richtig an der Wand zu reiben und dasselbe mit der Jacke zuhause an den eigenen Wänden zu wiederholen. So wurden früher die Schimmelkulturen übertragen. Um die Würste mit Schimmelsporen von Salami zu impfen, können Sie im Handel Schimmelstarterkulturen kaufen und die Würste damit behandeln. Eine andere Möglichkeit ist eine gute Salami mit Edelschimmel zu kaufen und diese zwischen die frischen Würste zu hängen in der Hoffnung, dass der Schimmel überspringt. Sollte er das nicht tun, dann fassen Sie die Salami mit feuchten Händen an und danach jede der anderen frischen Würste.

Die Stoffwechselprodukte des Schimmels sind ausschlaggebend für den Geschmack von Wurst- und Schinkenprodukten. Da sich in jeder Gegend der Welt eine andere Zusammensetzung von Schimmelsporen in der Luft befindet, schmeckt auch jede Wurst anders. Um in Deutschland – wo Edelschimmel an Wurst eigentlich nicht üblich ist – mit dieser Art der Aromatisierung zu experimentieren, sollten Sie beim Fleischereinkauf „Bactoferm 4" kaufen. Das ist nicht ganz billig, aber Sie erhalten eine reine Kultur von „Penicillium nalgiovense", mit der Sie die Würste impfen können. Die Anwendung ist denkbar einfach und steht auch auf der Verpackung: den Inhalt in 2 Liter Wasser auflösen, dann auf 10 Liter verdünnen und die Würste darin eintauchen, kurz abtrocknen lassen und weghängen. Sie können durchaus, um die teure Kultur zu strecken, nur einen Teil der Tüte verbrauchen und mit entsprechend weniger Wasser arbeiten. Ein Liter Flüssigkeit in einer flachen Schüssel reicht locker für 15 Würste aus.

Beginnender Edelschimmel

Edelschimmel nach 1 Jahr Lagerung.

An den Fingerabdrücken kann man gut erkennen, wie der Edelschimmel verteilt wird.

Hintergrundwissen

In den meisten – um nicht zu sagen fast allen – Büchern zum Hausschlachten sind nur Wurstrezepte abgedruckt. Je mehr, desto besser. Was bei der Wursterei eigentlich passiert, das steht nirgends. Wenn man die Zusammenhänge nicht kennt und nicht versteht, kann man die Rezepte aber auch nicht vernünftig abwandeln. So sorgt beispielsweise die Leber mit ihren Bestandteilen dafür, dass sich das Fett nicht absetzt. Sobald Sie den Fettgehalt verändern, müssen Sie auch den Leberanteil verändern und umgekehrt.

Leberwurst

Eine der beliebtesten Wurstsorten ist die Leberwurst, nicht nur weil sie geschmacklich einiges zu bieten hat. In der Leberwurst kann man beim Hausschlachten auch all die Fettsorten verarbeiten, die in der Mettwurst nicht zu gebrauchen sind. Leberwurst lässt sich auch gut in haushaltsüblichen Mengen herstellen und in Gläsern zukochen. Um Leberwurst richtig und bequem herzustellen, muss man aber die Hintergründe verstanden haben und besonders, was bei der Zubereitung vor sich geht.

Eine Leberwurst als typische Kochwurst besteht aus gekochtem Fleisch, gekochtem Fett und Leber. Die Leber eines Schlachtschweins wiegt zwischen 3 und 5 kg, ist leicht verderblich und kann in der Leberwurst besonders gut konserviert werden. Die Bestandteile der Leber bilden mit dem Fett eine Emulsion, sodass sich das Fett aus der Masse nicht beim Abkühlen absetzt. Eine gute Leberwurst soll streichfähig sein, wozu wenigstens 20 % Fettanteil notwendig sind. Gute Ergebnisse erhalten Sie bei Verwendung von 30–50 % Fettanteil. Je mehr Fett Sie verwenden, desto mehr Leber müssen Sie zugeben, um den Effekt der Emulsion zu erreichen. Einfach gesprochen werden die Fettbestandteile in kleinen Tröpfchen in der Flüssigkeit verteilt, und wenn sie Zeit haben, dann schwimmen sie nach oben und verbinden sich mit anderen Fett-Tröpfchen zu einer Fettschicht, die sich absetzt. Das ist nichts anderes als bei einer selbstgemachten Mayonnaise oder Sauce Hollandaise, auch dabei wird das Wasser und Fett emulgiert. Die emulsionsbildenden Bestandteile der Leber legen sich um die Fett-Tröpfchen und verhindern, dass diese sich mit anderen vereinigen. Die einzelnen Bestandteile liegen fein verteilt nebeneinander vor und lassen sich leicht gegeneinander verschieben, was die Streichfähigkeit ausmacht. Anders als bei „Mett im Glas", bei dem sich ein Brätklops in der Mitte befindet, rundum Gelee und oben eine Fettschicht. Dieses Brät kann man sich auch nur in Scheiben aufs Brot legen.

Leberwurst ist eine typische Kochwurst. Sie besteht aus gekochtem Fleisch, gekochtem Fett und Leber.

Das fette Fleisch für die Leberwurst darf nicht zu stark kochen, weil sonst das Fett aus dem Gewebe schmilzt und sich oben auf der Brühe absetzt und für die Wurst nicht zur Verfügung steht. Ab und zu ein Aufwallen im Kessel bei kleiner Flamme ist ideal beim Kochen des Fleisches. Trotzdem muss das Fleisch und das Fett bis in den Kern durchgegart sein, damit die Dosen später auch haltbar sind.

Die Leber sollte frisch und roh verarbeitet werden, weil sich die emulgierenden Bestandteile bei 65 °C zersetzen. Für die leichtere Handhabung können Sie die Leber einige Momente brühen, um sie anzuwärmen, notwendig ist das aber nicht. Durchgaren ist absolut falsch. Lassen Sie die Leber einfach durch den Wolf und mischen Sie den Leberanteil separat mit sämtlichem Salz, das Sie für die komplette Menge Wurst abgemessen haben. Schon nach kurzer Zeit des Mischens verfestigt sich die Masse merklich. Das ist gewollt, jetzt fangen die Bestandteile der Leber an für die Emulsion wirksam zu werden.

Die Leber muss frisch und roh verarbeitet werden. Bei 65 °C zersetzen sich die emulgierenden Bestandteile.

Die 10–15 % Garverlust beim Kochen können durch Kesselbrühe ausgeglichen werden. Zu viel setzt sich allerdings als Gelee ab.

So heiß wie möglich arbeiten!

Beim Zusammenführen der einzelnen Bestandteile sollten Sie so heiß wie möglich arbeiten. Zuerst werden die Fett- und Fleischanteile (ohne Schwarte!) gewolft, dann sofort die Leber und hinterher die Zwiebel. Jetzt kommen die Gewürze dazu und die Masse wird mit den Händen kräftig durchgerührt. Etwas Brühe ist für die Konsistenz wichtig. Beim Rühren werden Sie merken, dass die Masse anzieht und nicht mehr so flüssig erscheint. Dann hat das mit dem Emulgator geklappt und Sie können die Masse entweder mit dem Wurstfüller in Därme füllen oder mit einer Kelle in Dosen oder Gläser. Da die Masse rohe Leber enthält, sollten Sie die Dosen sofort zudrehen und einkochen, die Würste alsbald brühen.

Die zugekochten Dosen sollten Sie beim Abkühlen zwei- bis dreimal umdrehen, damit sich nichts absetzt. Zum Schluss sollte die Dose auf dem Deckel mit dem Etikett liegen, dann macht die Dose einen sauberen, vollen Eindruck beim Öffnen.

Würste brühen 1 Minute pro Millimeter Durchmesser.

Die Würste brühen Sie pro mm Durchmesser eine Minute, also die 45 mm Därme 45 Minuten bei 80 °C. Danach nehmen Sie die Würste vorsichtig aus dem Kessel, spülen sie mit heißem Wasser ab, um das Fett außen zu entfernen, und legen sie in eiskaltes Wasser, wobei Sie auch hier die Würste ständig drehen und unter die Wasseroberfläche drücken. Sollte das Wetter draußen beim Hausschlachten zu warm sein, ist es vorteilhaft, wenn Sie das Wasser mit Eis weiter herunterkühlen können. Danach können die Würste im Hängen über Nacht auskühlen und richtig fest werden und sind bereit für ein oder zwei Räuchergänge. Die Leberwürste dürfen nur unter 20 °C geräuchert werden. Bei zu heißen Temperaturen wird die Masse flüssig und trennt sich oder im Kern beginnt der Verderb. Bei den Leberwürsten sollten Sie einige für den frischen Verzehr bereithalten und innerhalb einer Woche verbrauchen. Die geräucherten haben einen anderen Geschmack und werden nach den rohen verzehrt. Auch die geräucherten sind nicht unbegrenzt haltbar und sollten spätestens nach drei Wochen verzehrt sein. Aber ehrlich: Nach drei Wochen immer die gleiche Leberwurst, das reicht dann auch. Bis dahin sollten sie möglichst kühl und dunkel, am besten im Kühlschrank, aufbewahrt werden. Danach sind dann die Dosen dran und werden verbraucht.

Rotwurst besteht aus Blut, Schwarte und Einlage.

Rotwurst

Um eine gute Rotwurst machen zu können braucht man wie bei der Leberwurst ein solides Hintergrundwissen, was dabei eigentlich passiert und wie eine Rotwurst aufgebaut ist. Die Wurst besteht aus Blut, Schwarten und einer Einlage. Bei der Vielzahl der Rezepte – jedes Land und jede Region hat eine eigene Art von Rotwurst-Kultur, bei den Franzosen kann man sogar einen Orden dafür bekommen – kann man nur einige wenige grundsätzliche Dinge hier erklären. Was immer in die Rotwurst gehört, ist das Blut. Das gibt den Namen und auch die dunkle Farbe, zusätzlich ein besonderes Aroma durch den Eisengehalt und den Eigengeschmack sowie eine besondere Konsistenz. Damit das Blut zusammenhält gibt man gegarte, gewolfte Schwarten dazu. Das ist der Kleber, der alles verbindet und eine schnittfeste Konsistenz herstellt. Je mehr Schwarten, desto gummiartiger wird die Wurst. Schwarten verkleben beim Erkalten und müssen daher möglichst warm verarbeitet werden. Zur Not müssen Sie die kalten Schwarten noch einmal im Kessel aufwärmen. Ebenso muss das Blut vorgewärmt werden, damit die Schwarten nicht zu schnell abkühlen. Dann mischt man das Blut mit den Schwarten zum sogenannten Blut-Schwarten-Brei.

Die gegarten, gewolften Schwarten bilden den Kleber.

In einigen Ländern kommen keine Schwarten hinein, sondern viele Zwiebeln, Getreide, Speck und Blut, und die Wurst wird gegrillt oder gekocht und warm verzehrt.

Als Speckeinlage eignet sich kerniger Speck.

Sie können eine Blutwurst nur aus Schwarten und Blut herstellen, das ist aber recht langweilig, man erwartet in einer Blutwurst auch Fleisch und Fett. Diese Teile heißen Einlage. Dabei können Sie vieles verwenden, von schierem Muskelfleisch über Filet, Zunge, fettem Fleisch, Leber etc. Das ist die Fleischeinlage, dazu kommt noch eine Speckeinlage. Dazu eignet sich nur fester, kerniger Speck, der vorgekocht werden muss. Ist er zu wenig oder zu weich gekocht, dann nimmt er das Blut auf und sieht unappetitlich aus. Richtig gekochter Speck muss „springen", das heißt, wenn man ein kleines Stück auf den Tisch fallen lässt, dann springt er weg. Oder Sie pressen ihn zwischen Daumen und Zeigefinger und er lässt sich nicht durchdrücken, sondern springt weg. Der kernige Rückenspeck wird mit den anderen Einlagestücken zusammen gekocht und möglichst heiß verarbeitet. Zur Weiterverarbeitung muss die Einlage in passende Stücke geschnitten werden. Hierbei kommt es auf einige Dinge an. Zum einen muss das recht schnell passieren, bevor alles ausgekühlt ist. Weiterhin muss die Größe der Einlage auf den Durchmesser des Darms abgestimmt sein. Im Schnittbild sollte Fett und Fleisch sowie Blut-Schwartenmasse gleichmäßig verteilt sein. Das geht natürlich nur, wenn im Durchmesser zwei oder drei Einlagestücke nebeneinander Platz haben. In den größeren Würsten hat natürlich eine Zunge Platz und kann im Ganzen eingelegt werden.

Blutwurst mit Einlage lässt sich nicht aus der Wurstpresse füllen.

Eine Blutwurst mit Einlagefleisch von Kirschgröße lässt sich nicht aus einer Wurstpresse füllen. Zum einen kommt das Einlagefleisch nur sehr ungleichmäßig durch den Füllstutzen, weiterhin lässt sich der Topf nicht komplett entleeren, weil das Fleisch unten liegenbleibt und den Kolben blockiert. Und drittens läuft aus dem sehr dicken Füllstutzen die Blut-Schwartenmasse einfach heraus. Daher werden die dickeren Därme mit einem Füllhörnchen von Hand gefüllt. Damit kann man besser als jede Maschine den Inhalt der Würste steuern und eine gleichmäßige Füllung sowie später ein gutes Schnittbild herstellen.

Blutwurst kann auch in Dosen oder Gläsern abgefüllt werden.

Rohwurst

Rohwürste sind die am häufigsten in der Hausschlachteküche hergestellte Würste. Bis auf einen Wolf und einen Wurstfüller sind keine weiteren Geräte notwendig. Auch das aufwendige Kochen entfällt. Rohwürste bestehen – wie der Name schon sagt – aus roh verarbeitetem Fleisch, und sie werden in der Regel bei Fertigstellung auch nicht gegart. Sie werden luftgetrocknet, geräuchert oder sofort – wie beispielsweise Bratwürste – gegart und verzehrt. Der Zusammenhalt der Wurstmasse beruht auf den beim Kneten und Mengen austretenden Eiweißen, die die Fleischstücke beim Reifen wieder verbinden und so eine schnittfeste Wurst erzeugen. Der Vorteil ist, dass man auch kleine Stücke und solche unterschiedlichen Fettgehalts konservieren kann, indem man sie zunächst fein zerkleinert, mit Salz, Zucker und Gewürzen verknetet und dann, wenn die Masse bindig wird, in Därme füllt. Danach erfolgt die Reifung in mehreren Schritten. Zunächst tropft das überschüssige Wasser aus der Wurst ab. Im Anschluss sorgen das Nitrat und der Salzgehalt zusammen mit einigen Mikroorganismen für die Umrötung. Schließlich reift die Wurst zur Schnittfestigkeit heran und verliert weiter Gewicht, somit Wasser. Das bildet ein für schädliche Mikroorganismen schlechtes Umfeld, weil kein verfügbares Wasser vorhanden ist, alles ist in dem Fleisch gebunden und macht auch die Haltbarkeit aus. Weiterhin sorgen die Vorgänge

Rohwürste bestehen aus rohem Fleisch. Sie werden luftgetrocknet, geräuchert oder sofort gegart und verzehrt.

beim Pökeln zusammen mit den Gewürzen und den Abbauprodukten der Mikroorganismen für den typischen Pökelgeschmack. Zusätzlich können die Würste noch geräuchert werden, was weitere Geschmackskomponenten beisteuert.

Beim Füllen der Därme für die Rohwurst ist es wichtig, diese auf jeden Fall ohne Luftblasen und so stramm wie möglich zu füllen. Das geht nur mit einem vernünftigen, stabilen Wurstfüller. Die liegenden Geräte mit Plastikteilen oder die Aufsätze für Fleischwölfe taugen höchstens für Bratwürste, die locker gefüllt und gleich gegart werden. Eine Mettwurst, die noch reifen und trocknen und dabei ein Drittel Gewicht verlieren soll, muss so fest wie irgend möglich gefüllt werden. Sollten noch Luftblasen unter der Hülle zu sehen sein, dann werden diese mit einer Nadel angestochen.

Rohwurst muss stramm und ohne Lufteinschlüsse gefüllt werden.

Woher kommt der saure Geschmack in der gekauften Wurst?

Glucono-delta-Lacton (GdL) ist ein Hilfsmittel, das dafür sorgt, dass das Wasser in der Wurst geliert und diese sofort schnittfest ist, was sonst nur durch verdunsten des Wassers und damit bedingtem Gewichtsverlust zu erreichen ist. Es werden 5–10 g pro Kilogramm Wurstmasse beigefügt, das Kilogramm kostet etwa 20 Euro. Macht also 20 Cent pro Kilogramm Wurstmasse bei der Höchstdosierung. Dafür kann von 1.000 g Ausgangsmaterial nach wenigen Tagen 1.000 g Wurst verkauft werden. Bei einer traditionellen Reifung dauert das mindestens drei Wochen und bedingt einen Gewichtsverlust von 300 g bei 1.000 g Ausgangsgewicht. Man kann also nur noch 700 Gramm Salami verkaufen, die dann entsprechend teurer sein muss oder – bei gleichem Preis – weniger Marge bietet. Abgesehen davon, dass Sie in den gleichen Räumen dreimal so viel Wurst produzieren und reifen lassen können. So produziert man quasi 300 g Mettwurst für 20 Cent, von den Einsparungen durch weniger Platz im Reiferaum und schnellerem Waren- und Kapitalumschlag ganz zu schweigen.

Das Glucono-delta-Lacton wandelt sich in Wasser zu Gluconsäure um, senkt dabei den pH-Wert im Fleisch ab, hilft bei der Umrötung und lässt das Fleisch bzw. das Wasser darin gelieren. Dadurch wird es schon nach kurzer Zeit verkaufsfähig und schnittfest, verliert dabei kaum Gewicht.

Würste mit GdL müssen aber schnell verkauft und verzehrt werden, weil sie bei längerer Lagerung mehr Wasser verlieren als Vergleichsproben ohne den Zusatz von GdL. Außerdem tritt ein sauerer Nachgeschmack auf, der dem geübten Gaumen sofort auffällt. Auch ist auffällig, dass diese Würste schnittfest sind, der Darm aber kaum bis überhaupt nicht geschrumpft ist. Der Darm bzw. die Wurst kann ja auch nicht schrumpfen, denn sie hat ja praktisch kein Wasser verloren. Das ist ja schließlich der Sinn von GdL.

Zwiebeln als Gewürz oder als Zutat

In einigen Rezepten wird die Zwiebel mit bei den Fleischanteilen aufgeführt, bei anderen unter den Gewürzen. Wenn bei einem Rezept wie Zwiebelmettwurst ein Drittel der Masse aus Zwiebeln besteht, dann gehört die Zwiebel auch dort hin. Wenn die Zwiebel wie bei der Leberwurst in geringeren Mengen beigefügt wird, dann ist sie bei den Gewürzen aufgeführt und wird beim Fleisch nicht mitgewogen. Wenn beispielsweise 50 Gramm Zwiebel in den Gewürzen aufgeführt ist, und es sind 10 kg Brät vorhanden, dann werden die Gewürze und das Salz nur auf 10 kg und nicht auf 10,5 kg (10 kg Brät und 500 g Zwiebeln) berechnet und zugegeben. Einerseits macht diese geringe Menge Zwiebeln nicht viel aus, andererseits ist die ja im Salzwasser vorgebrüht und bringt daher schon Salz mit. Sollte aber das Rezept nach 40 % Fleisch, 30 % Schweinebacke und 30 % Zwiebeln verlangen, dann wiegen Sie diese Masse und berechnen danach Salz und Gewürze. Bei den Gewürzen sind dann auch keine Zwiebeln aufgeführt.

Kapitel 10

Rezepte

Versuchen Sie bei der Hausschlachterei mit wenig Pökelsalz auszukommen, denn man erwartet beim Hausschlachten eine graue Leberwurst und keine rosafarbene.

Und bitte nicht die wichtigste Geheimzutat vergessen VVL: Viel viel Liebe

Rezeptheft

Sie sollten es sich zur Gewohnheit machen, ein Rezeptheft zu führen, in dem Sie wie in einem Labor- oder Tagebuch Ihre Rezepte und die wichtigen Schritte mit Datum festhalten. Nur so können Sie die leckeren Rezepte reproduzieren und die nicht so tollen abändern und Fehler analysieren.

Mett herstellen

Verwenden Sie für die kleinen Mengen Frühstücksmett gutes Fleisch und kernigen Rückenspeck, es lohnt sich!

Bei der Wurstbereitung fangen wir mit dem einfachsten an: dem Mett, auch Gehacktes, Hackepeter, Faschiertes etc. genannt. In dem fein zerkleinerten Mett lassen sich allerlei schlechte Fleischpartien verstecken, wovon in der Industrie auch reger Gebrauch gemacht wird. Gerade bei dem billigen Mett aus dem Supermarkt werden gerne gefrorene Abschnitte (Ketten vom Kotelettstrang) verwendet, die erst durch den Gefrierfleischhacker und dann durch den Wolf getrieben werden, dazu eine industrielle Würzmischung mit allen Zusatzstoffen, die das Herz begehrt bzw. krank macht. Alles, was an Sehnen in den Fleischwolf kommt, hängt später unweigerlich zwischen den Zähnen. Nehmen Sie für die kleinen Frühstücksmengen an Mett gutes Fleisch und kernigen Rückenspeck, es lohnt sich. Mögen Sie eher helles Mett, dann sind ein Stück Schweinelachs (Rücken), aber ohne die Silberhaut, und 10–30 %

Rückenspeck gut geeignet. Wer eher dunkles Mett bevorzugt, der sollte ein entsprechendes Teil aus der Schulter oder der Keule schneiden. Zwiebeln gehören über das Mett und nicht hinein, denn fein zerkleinert bekommen Sie schnell einen unangenehmen, „knoblauchartigen" Geruch und einen bitteren Geschmack.

Bei Mett ist es wichtig, dieses immer frisch zuzubereiten und am selben Tag oder spätestens am nächsten Tag zu verzehren. Machen Sie sonst lieber Frikadellen daraus und braten das Mett gut durch.

Bereiten Sie Mett immer frisch zu und verzehren es spätestens am nächsten Tag.

Schneiden Sie die Fleisch- und Fettanteile in wolfgerechte Stücke und mischen Sie diese mit den abgewogenen Gewürzen. Dann lassen Sie alles zusammen durch den Wolf und mischen die Masse kurz durch, es sollte dabei keine Bindung auftreten. Lediglich die Fettanteile sollten gleichmäßig verteilt sein.

Jägermett

70 % Fleisch und 30 % Fett

Pro kg Fleisch 20 g Salz, 2 g Paprikaflocken, 2 g Pfeffer, 2 g Senfkörner (trocken gewogen, danach zwei Stunden eingeweicht, nach dem Wolfen zugeben), Zwiebeln nach Geschmack (80–100 g) fein gehackt, erst kurz vorher dazugeben oder noch besser separat reichen.

Thüringer Mett

Dieses einfach gewürzte Mett braucht 30 % Fettanteil und kann auch durch die 5-mm-Scheibe des Fleischwolfes gegeben werden.

70 % Fleisch und 30 % Fett

Pro kg Fleisch 20 g Salz, 2 g Pfeffer, 2 g Majoran

Party-Mett

Für dieses Mett nehmen Sie ausschließlich Schweinerücken ohne jegliches sichtbares Fett und Sehnen und lassen es durch die 3-mm Scheibe des Fleischwolfes.

Pro kg Schweinerücken

20 g Salz, 2 g Chiliflocken, 2 g Pfeffer, 2 g Senfkörner (trocken gewogen, danach zwei Stunden eingeweicht), 4 g granulierte Zwiebeln, 2 g granulierten Knoblauch

Rohwurst herstellen

Was ist eine Rohwurst? Ganz einfach: Eine Rohwurst besteht aus rohem Fleisch, das zerkleinert und in Därme gefüllt wird. Schnittfest wird die Wurst durch die Reife, bei der das Fleisch umrötet und etwa 25–35 % Gewicht verliert. Rohwurst gibt es sowohl geräuchert als auch luftgetrocknet. Bei Rohwürsten ist – wie bereits angesprochen – die Auswahl des Fleisches von besonderer Bedeutung. Verwenden Sie etwas ältere Stücke, da das Fleisch schon ausgereifter ist und die Fleischportionen größer sind, was das Entfernen der Sehnen leichter macht.

Bei Rohwürsten ist die Auswahl des Fleisches besonders wichtig.

Als erstes sollten Sie eine Bratwurst versuchen, denn diese wird wie eine Rohwurst zubereitet, dann aber sofort gegrillt und verzehrt. Sie sollten dazu Wildschwein- oder Hausschweinfleisch verwenden, das geht für den Anfang am besten. Wichtig bei der ganzen Wursterei sind eine präzise Waage für die Gewürze und eine Waage für das Fleisch. Sie sollten bei Rot- oder Rehwild auf ein Teil Wildbret ein Teil fetten Schweinebauch verwenden. Bei sehr mageren Schweinebäuchen (weniger als 50 % sichtbares Fett) sollten Sie Rückenspeck vom Hausschwein dazugeben. Eine zu magere Wurst hält nicht zusammen, was bei einer Bratwurst nicht ganz so tragisch ist, wie bei einer Mettwurst, die dann noch trocknen muss.

Schneiden Sie das Fleisch in pflaumengroße Stücke und wiegen Sie das Fleisch und den Speck. Berechnen Sie dann die Gewürze. Wiegen Sie die ungemahlenen Gewürze ab und mahlen Sie diese zusammen in einer Kaffeemühle, die Sie speziell für diesen Zweck bereithalten sollten. Dann wird das Fleisch gewürzt und durch den Fleischwolf gegeben, die Gewürze verteilen sich so fast wie von selbst.

Hinweis

Beachten Sie beim Berechnen der 30 % Speckzugabe, dass bei einer Menge von 700 g Fleisch 300 g Speck dazu kommen und das dies dann 1 kg Brät ergibt, auf die die unten angegebene Menge Gewürze kommen. Viele verrechnen sich und wiegen erst 1 kg Fleisch aus, auf das sie dann 300 g Speck geben, was natürlich zu wenig ist (nur rund 23 %!), und nehmen dann oft auch nur die Menge Gewürze die sie für 1 kg Masse benötigt hätten.

Bei magerem Wildbret von Reh-, Rot- oder Damwild kommen entweder 50 % fetter Schweinebauch ohne Schwarte oder 30 % reiner Rückenspeck vom Schwein dazu.

Bei fetterem Wildbret vom Schwarzwild reichen weniger, aber Sie sollten immer auf rund 30 % Fett in der Masse kommen.

Eine gute Mischung für grobe Bratwürste vom Hausschwein sind eine Schulter (etwa 4 kg) und drei Bäuche ladenfertig (ca. 3 kg das Stück mit Rippen, ohne Wamme), nach dem Zuschneiden haben Sie dann etwa 10 kg verwertbare Masse.

Eine Schulter und drei Bäuche ergeben eine gute Mischung für grobe Bratwürste.

Gewürze pro Kilogramm Fleisch (Wildbret und Hausschwein, alles zusammen gewogen):

20 Gramm Salz
4 Gramm Pfeffer
1 Gramm Piment
1 Gramm Majoran

Vorsichtig würzen: Bratwürste werden häufig überwürzt.

Diese Mischung hat sich für eine einfache grobe Bratwurst bewährt und Sie sollten sich zunächst daran versuchen. Bei Bratwürsten wird häufig der Fehler gemacht, diese zu überwürzen. Gerade bei geschmacksintensiverem Wildfleisch ist der herzhafte Griff in die Gewürz- und besonders in die Chili-Kiste tabu.

Die Schulter wird entschwartet und in pflaumengroße Stücke geschnitten, alle Sehnen sollten nach Möglichkeit entfernt werden. Aus dem Bauch werden die Rippen und Knorpel entfernt und in zwei Fingerbreite Streifen geschnitten, um entschwartet zu werden. Diese Streifen ohne Schwarte werden ebenfalls in pflaumengroße Würfel geschnitten. Dieses Fleisch kommt in eine Wanne und wird gewogen und gewürzt. Die fertig gewürzte Wanne mit dem Fleisch in wolfgerechten Stücken (Pflaumengröße) wird ordentlich durchgemischt, sodass das Gewürz und das Salz an den Fleischstücken hängen bleibt. In diesem Zustand geben Sie das Fleisch durch den Fleischwolf. Der Fleischwolf sollte auf der ganzen Fläche der vorderen Scheibe schneiden und nicht nur am Rand. Das wäre ein Zeichen dafür, dass Sehen das Messer blockieren. Wenn das Messer stumpf ist, schmiert der Fleischwolf und drückt das Fleisch durch die Löcher, es wird dabei warm und verdirbt in einer Rohwurst recht schnell. Der richtig ausgestatteter Fleischwolf ist das A und O der Wurstküche und ein stumpfer Fleischwolf ist eine Qual. Kaufen Sie hier richtig ein und lieber eine Nummer zu groß als zu klein, denn Sie brauchen eine hohe Spitzenleistung in kurzer Zeit und nicht eine kleine Leistung ab und zu.

Braten Sie zum Probieren eine kleine Frikadelle aus dem Brät.

Sobald das Fleisch durch den Fleischwolf gedreht ist, kneten Sie mit sauberen Händen die Masse durch, bis Sie spüren, dass die Masse bindet, sich also eine homogene Einheit bildet. Das Kneten geht nun deutlich schwerer, weil die Masse mehr Widerstand bietet. Verteilen Sie die Gewürze gleichmäßig im Brät.

Wenn Sie Ihre Mischung probieren möchten, dann formen Sie eine kleine Frikadelle aus dem Brät und braten Sie in einer Pfanne durch. So finden Sie heraus, wie die Bratwurst nach dem Grillen schmecken wird. Sie können aber natürlich auch die rohe Masse abschmecken.

Zum Abfüllen in Därme benutzen Sie einen Wurstfüller. Den Darm entwirren Sie und wässern ihn in handwarmem Wasser. Das geht am besten in einem Waschbecken, dabei sollten Sie den Darm mit etwas Wasser füllen und diese Wasserblase einmal durch den gesamten Darm laufen lassen. Auf diese Weise entwirren Sie den Darm am einfachsten. Weiterhin ist es wichtig, den Darm in körperwarmem Wasser zu wässern, denn in diesem Temperaturbereich ist er am elastischsten.

Lassen Sie eine Wasserblase einmal durch den gesamten Darm laufen, um ihn zu entwirren.

Um die Wurst zu füllen ziehen Sie die Därme auf das Füllrohr auf. Dabei dürfen die Därme nicht trocken werden, denn dann sind sie nicht mehr so elastisch und reißen schneller. Sollten Sie die Arbeit unterbrechen, dann legen Sie ein feuchtes Tuch über den Darm auf dem Füllrohr. Den Wurstfüller sollten Sie ohne Lufteinschlüsse mit der Wurstmasse füllen. Das geht am einfachsten, wenn Sie aus dem Brät handballgroße Kugeln formen und diese mit Schwung in den Wurstfüller werfen. Dadurch wird die Luft herausgepresst und später nicht in die Wurst gedrückt. Bei Bratwurst zum sofortigen Verzehr ist das nicht so dramatisch, denn diese wird ohnehin nicht besonders stramm gefüllt. Bei Mettwürsten hingegen, die später getrocknet und geräuchert werden, sind Lufteinschlüsse fast immer ein Grund für Verderb.

Halten Sie die Därme feucht, sonst reißen sie.

Wenn Sie die Wurstpresse gefüllt haben und der Darm auf dem Füllrohr aufgezogen ist, können Sie mit dem Füllen beginnen. Ziehen Sie den Darm etwa eine Handbreit nach vorne und machen Sie einen einfachen Knoten. Nun können Sie die Kurbel betätigen und langsam das Brät in den Darm drücken. Dabei schiebt das Brät den Darm vom Füllrohr, mit einer Hand am Füllrohr halten Sie den Darm zurück und steuern so die Festigkeit der Füllung. Je fester Sie den Darm halten, desto strammer wird die Füllung.

Eine Bratwurst sollte nur locker gefüllt werden, damit Sie dann aus der langen Schlange die einzelnen Würste abdrehen können und genug Platz im Darm verbleibt, um das Brät beim Abdrehen zur Seite zu drücken.

Bratwurst nur locker füllen, um Platz zum Abdrehen zu haben.

Tipp

Bei selbst hergestellten Bratwürsten sollten Sie weniger mit den Gewürzen experimentieren als mit der Form. In dünnen Schafsaitlingen garen sie schneller durch, kleine Würste ermöglichen es den Gästen, alles einmal zu probieren. Aber eine riesige Bratwurstschnecke auf dem Grill oder Buffet ist eindrucksvoll zu präsentieren.

Zum Abdrehen das Brät mit Zeigefinger und Daumen zur Seite schieben und 2–3 mal überschlagen.

Sobald der Darm gefüllt ist, beginnen Sie mit dem Abteilen der einzelnen Würste. Da das Brät nur locker eingefüllt ist, können Sie mit Daumen und Zeigefinger das Brät zu beiden Seiten schieben und so den Darm leeren. An dieser Stelle wird die Wurst dann abgedreht. Zwei oder drei Überschläge reichen aus. Wenn der Darm erst einmal abgedreht ist, können Sie dort auch die Würste durchschneiden, das Brät wird nicht austreten.

Die fertigen Würste sollten innerhalb von wenigen Stunden verzehrt werden, aber auf jeden Fall müssen sie bis dahin gekühlt werden. Die Würste, die Sie nicht sofort verbrauchen, schweißen Sie gleich nach der Herstellung in Portionen ein und frieren sie ein.

Bei selbst gemachten Bratwürsten können Sie selbst bestimmen, welche Form die Wurst haben soll.

Frische Bratwurst zubereiten

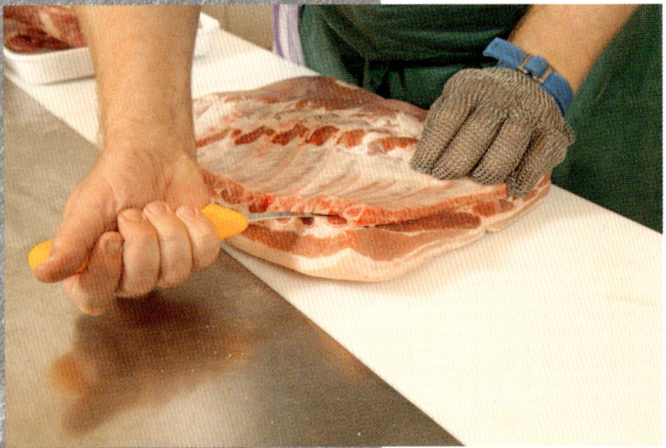

Mit dem flach gehaltenen Messer schneiden Sie bei dem Schweinebauch unter den Rippen entlang.

Das Messer gleitet dabei an den Knochen vorbei.

Sauber ausgebeinter Schweinebauch.

Schneiden Sie den Bauch in Streifen, dann können Sie diese besser abschwarten.

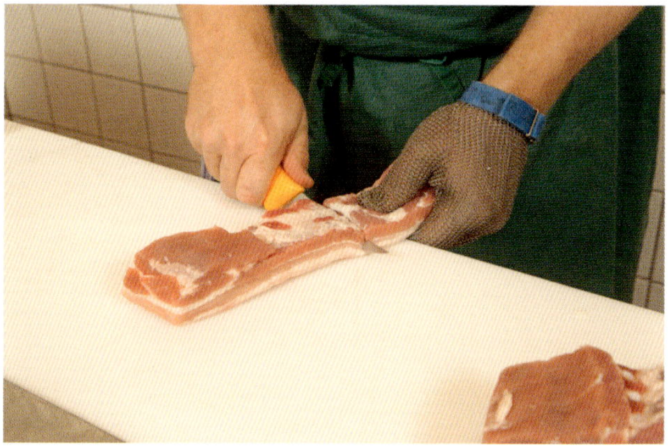

Halten Sie ein Stück in der Hand und schneiden Sie mit dem Messer auf die Schwarte zu.

Drücken Sie die Schneide locker auf den Tisch und ziehen Sie die Schwarte nach hinten.

Schneiden Sie das Fleisch in Scheiben und dann in pflaumengroße Würfel.

Fleisch und Speck mischen Sie in einer Schüssel.

Wiegen Sie das Fleisch und die Gewürze aus.

Geben Sie die Gewürze und das Salz über die Fleischwürfel.

Mischen Sie die Würfel gut durch, damit sie das Gewürz aufnehmen.

Die Würfel gehen dann durch den Fleischwolf.

Geben Sie die Würfel ohne groß zu drücken durch den Fleischwolf.

Ein sauberes Schnittbild zeigt, dass das Messer scharf ist.

Kneten Sie die Masse durch, bis sich eine Bindung ergibt.

Formen Sie aus dem Brät handballgroße Klumpen und werfen Sie diese mit Schwung in den Wurstfüller.

Ziehen Sie den Darm auf das Füllrohr und verknoten Sie das Ende.

Mit einem kleinen Loch lassen Sie die Luft heraus.

Kurbeln Sie langsam und füllen Sie den Darm nicht zu stramm.

Füllen Sie erst den Darm und drehen Sie dann die einzelnen Würste ab.

Mettwurst

Selbstgeräucherte Mettwurst ist eine Delikatesse.

Mettwürste finden immer einen reißenden Absatz, was liegt da näher, als Mettwürste selbst herzustellen? Im Prinzip ist die Herstellung die gleiche wie bei den oben beschriebenen Bratwürsten, auch das Brät unterscheidet sich nur unwesentlich. Statt des normalen Salzes benutzen Sie hier aber Pökelsalz.

Bei den einzelnen Gewürzen handelt es sich um schwarzen und weißen Pfeffer, die für den Geschmack ausschlaggebend sind. Der zugesetzte Zucker hilft bei der weiteren Reifung der Wurst. Das Pökelsalz ist für die Umrötung und Haltbarkeit der Wurst verantwortlich. Es geht auch mit normalem Salz, aber mit dem Pökelsalz ist das Ergebnis sicherer zu erzielen. Auch hier gilt: Wiegen Sie die Zutaten genau ab und führen Sie Buch, nur dann können Sie beim nächsten Mal den Geschmack reproduzieren und genau die gleiche Wurst wieder herstellen. Natürlich können Sie die Rezeptur auch ändern und Ihrem Geschmack anpassen. Wenn Sie das frisch durchgelassene Brät probieren, werden Sie einen starken Salzgeschmack feststellen. Das liegt daran, dass das Salz noch auf den Fleischkörnern aufliegt und das Brät daher viel salziger schmeckt, als es nachher wirklich ist, wenn das Salz in das gesamte Material eingedrungen ist. Daher ist das Abwiegen besonders wichtig. Auch der Pfeffer dringt zunächst sehr durch und lässt beim Reifen deutlich nach.

Beim Füllen der Wurst ist es wichtig, dass der Darm stramm und ohne Luftlöcher gefüllt wird. Dazu brauchen Sie auf jeden Fall eine zweite Person, denn anders als bei der Bratwurst füllen Sie jede Wurst einzeln und binden diese ab, bevor es an die nächste geht. Eine Person dreht die Wurstpresse und Sie greifen mit einer Hand das Ende des Darms und mit der anderen Hand halten Sie den Darm auf dem Füllrohr zurück, damit das Brät nicht nur einfach in den Darm gepresst wird, sondern diesen auch etwas dehnt und dicker macht. Nur so wird die Wurst nach dem Trocknen noch einen guten Eindruck machen.

Mettwurst stramm und ohne Luftlöcher füllen, dann sofort einzeln abbinden.

Luft im Darm
Um die Luft aus dem Darm zu lassen, stechen Sie diesen entweder mit einer Nadel an, die Sie wegen der einfacheren Handhabung in einen Weinkorken stechen, oder Sie klopfen mit der Messerschneide gegen das Füllrohr und schlagen so ein winziges Loch in den Darm, wodurch die Luft entweichen kann.

Der Naturdarm hat eine natürliche Krümmung, und dieser folgt die Wurst. Nach einigen Zentimetern aus dem Füllrohr beginnt sich der Darm zu krümmen, folgen Sie der Krümmung, bis Sie einen Kranz zusammenlegen können. Ziehen Sie noch einige Zentimeter Darm vom Füllrohr, um die Wurst besser abbinden zu können. Ihr Partner an der Wurstpresse dreht die Kurbel etwas zurück, um den Druck aus dem Füllrohr zu nehmen und bindet dann die Wurst ab. Ziehen Sie die Wurst etwas vom Füllrohr, halten Sie aber weiter mit Daumen und Zeigefinger die beiden Darm-Enden fest und schneiden Sie den Darm durch. Der zweite Mann nimmt ein Wurstband und bindet zwischen Ihren Fingern und dem gefüllten Darm einen festen Knoten, beim Zuziehen der Band-Enden muss es leise knacken – es folgt ein zweiter Knoten zur Sicherheit. Dann legen Sie die freien Darm-Enden über die Knoten und verknoten diese erneut. Die beiden Enden vom Wurstband werden verknotet, um eine Schlaufe zum Aufhängen herzustellen.

Sie können als Därme auch fertige Kunsthüllen verwenden, um etwa 800-1000 g schwere Mettwürste herzustellen – wegen der gerade Form „Stracke" genannt.

Tipp

Aus demselben Brät können Sie vier verschiedene Würste herstellen: in dünnen Schafsaitlingen als Imbiss zum Bier, im Schweinedünndarm als Mett-Enden, die Ringe für den Verzehr sofort nach dem Räuchern und als Stracke – etwas dicker – für den Verzehr nach einer längeren Reifezeit.

Die besten Ergebnisse erzielen Sie mit 5–10 Räuchergängen mit jeweils einem Tag Pause.

Lassen Sie die Würste zwei bis drei Tage zum Umröten einzeln hängen, dann können Sie die Würste kalt räuchern. Das beste Ergebnis erzielen Sie, wenn Sie einen Tag räuchern und einen Tag aussetzen. Nach fünf bis zehn Räuchergängen sollte die Wurst die richtige Farbe und Konsistenz bekommen haben. Das Räuchern ist mit etwas Fingerspitzengefühl verbunden, denn jeder Räucherschrank ist anders und das Wetter spielt über die Temperatur und Luftfeuchtigkeit eine wesentliche Rolle. Eine außen trockene Wurst nimmt den Rauch anders auf als eine feuchte. Hier hilf nur regelmäßige Kontrolle und probieren.

Hängen Sie die Wurst in die Reifekammer und lassen Sie diese noch einige Wochen reifen. Dabei sollten Sie auf Schimmel und Schädlinge achten.

Sobald die Wurst die richtige Härte und Färbung bekommen hat, sollten Sie diese vakuumieren und einfrieren, damit sie nicht zur hart wird.

Mettwurst im Ring
Gewürze für 1 kg Brät

20–25 g Pökelsalz, je dicker, desto mehr Salz, hier empfehle ich:
22 g Pökelsalz
2 g schwarzer Pfeffer
2 g weißer Pfeffer
2 g Senfkörner
2 g Zucker oder Traubenzucker
wer mag: 2–3 g frischen Knoblauch, in Schnaps eingelegt

Mettwurst im Ring herstellen

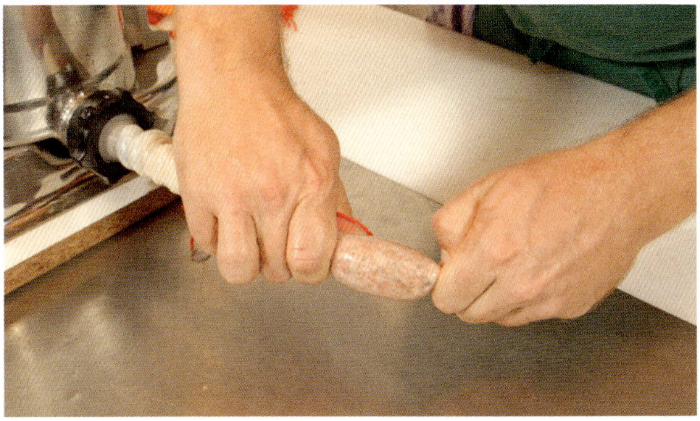

Fassen Sie den Darm nicht zu kurz und drücken Sie ihn mit Damen und Zeigefinger zu.

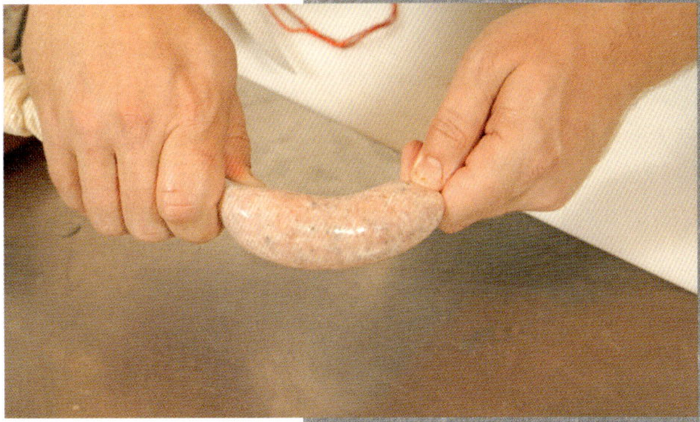

Füllen Sie langsam und ruhig den Darm stramm und ohne Lufteinschlüsse.

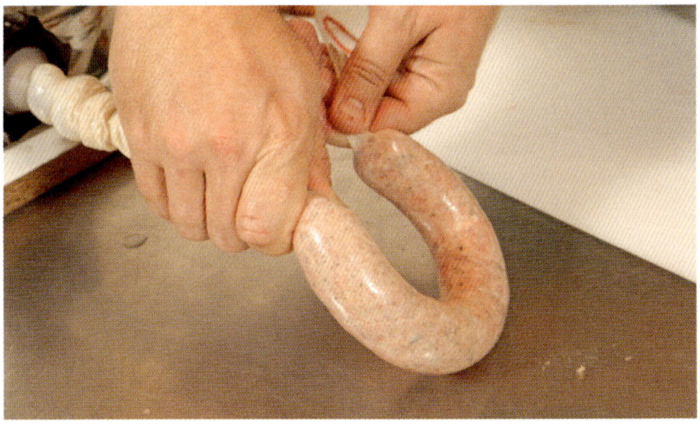

Folgen Sie der natürlichen Krümmung.

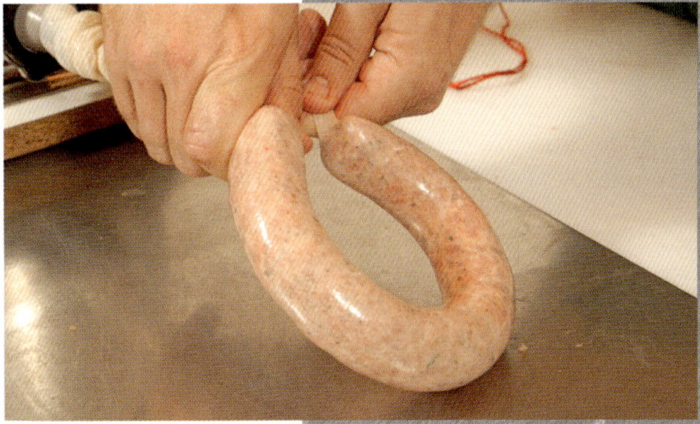

Wenn der Ring komplett ist, dreht der zweite Mann eine viertel Drehung an der Kurbel zurück.

Ziehen Sie genug Darm vom Füllrohr und legen Sie ein Wurstband um den Darm.

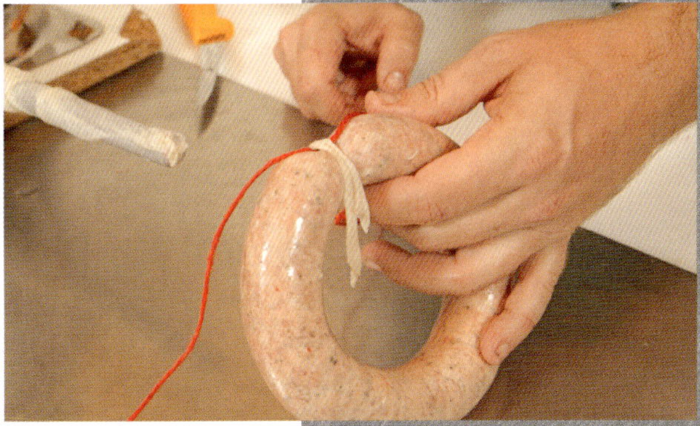

Nach einem Knoten legen Sie die Darm-Enden auf die andere Seite über den Knoten.

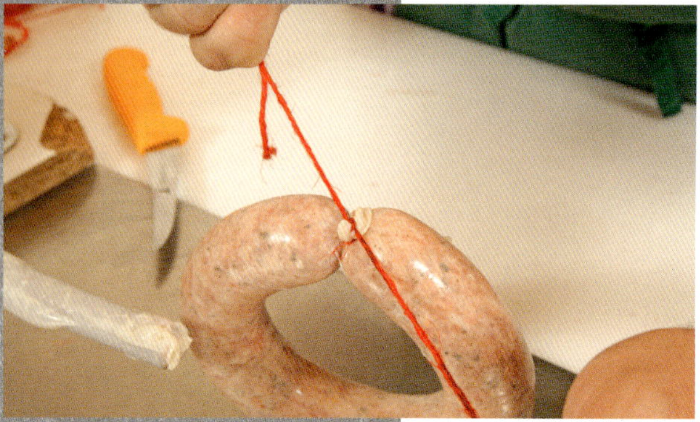

Jetzt folgt ein weiterer Doppelknoten, der den Darm ein zweites Mal festlegt.

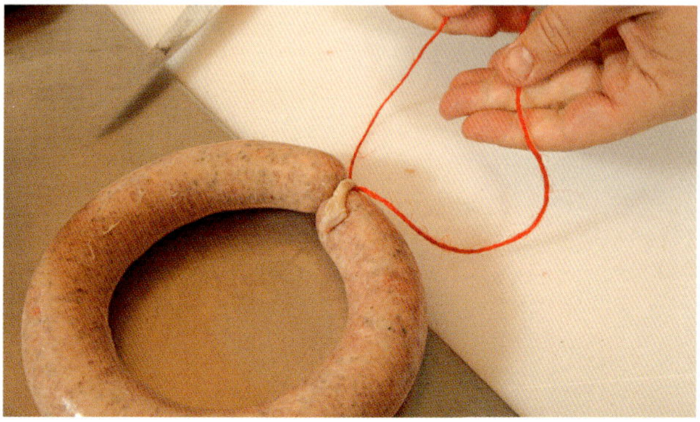

Die Enden des Bandes werden verknotet, damit eine Schlaufe zum Aufhängen entsteht.

Bregenwurst

Bregenwurst

1 Teil fetter Bauch oder Schweinebacke
1 Teil Fleisch (Schulter oder mageren Bauch)
1 Teil gebrühte Zwiebel (Das Brühen ist wichtig, sonst wird sie bitter!)

Pro kg Masse
20 g Salz
4 g Pfeffer
½ g Kümmel
½ g Macis
½ g Piment

Zuerst brühen Sie die Zwiebeln im Ganzen, denn roh würden sie schnell oxidieren und einen unangenehmen Geschmack in die Wurst bringen, besonders wenn man sie einige Tage hängen lassen und räuchern möchte. Sie können die Zwiebeln auch in der Pfanne mit etwas Öl oder Schmalz anschwitzen. Die Zwiebeln, das Fleisch und die fetten Teile werden in wolf-

gerechte Stücke geschnitten und mit der Gewürzmischung bestreut. Dann kommt alles durch die 3-mm-Scheibe des Wolfes und wird durchgeknetet, bis eine bindige Mischung entsteht. Diese füllen Sie in den Wurstfüller.

Die Bregenwurst wird im Schweinedarm 28/30 in kleinen Kringeln in Paaren abgebunden, um eine Hälfte nach einem Tag zwei bis dreimal zu räuchern. Die andere Hälfte wird roh belassen und bei 80 °C eine Minute pro mm Durchmesser gebrüht, um die Haltbarkeit im Kühlschrank so zu verlängern, dass die rohe zeitgleich mit der geräucherten Wurst zubereitet werden kann. Es ist natürlich auch möglich, die rohe Bregenwurst sofort in Portionen einzufrieren.

Die Bregenwurstmasse sollte auf jeden Fall auch in Dosen oder Gläsern eingekocht werden, um beim Braunkohlessen dem Kohl Geschmack und Einlage zu geben. Mit etwas angeschwitzter Zwiebel in einer Pfanne warmgemacht ist es in Niedersachsen eine schnelle Beilage zu Pellkartoffeln. Dazu eine Zwiebel in einer Pfanne in Fett anschwitzen, eine Dose Bregenwurst dazugeben, zwei Esslöffel Mehl und die Dose mit Wasser gefüllt. Wenn Sie die Kartoffeln aufgesetzt haben, dann ist die Bregenwurst als Stippe fertig, wenn die Kartoffeln gar sind.

Bregenwürste sind als kleine Würste besser zu handhaben, denn die Gäste beim Braunkohlessen können eine geräucherte und eine rohe Wurst essen.

Brühwurst herstellen

Was ist eine Brühwurst? Das Fleisch wird roh ganz fein zerkleinert – vorzugsweise mit Eis im Cutter – und dann in Därme gefüllt. Um diesen Wurst-Schleim fest zu bekommen, wird die Wurst bei 80 °C gebrüht, also nicht gekocht. Die Wurst wird fest und haltbar. Warum Brühen? Das verlängert die Haltbarkeit um einige Tage, was dem Schlachter hilft, mit weniger Ausschuss zu produzieren. Eine Brühwurst ist nach dem erneuten Erhitzen immer noch fest, ein typisches Beispiel für eine Brühwurst ist ein Wiener Würstchen.

Brühwurst lässt sich schlecht in den Ablauf einer Hausschlachtung integrieren.

Wenn Sie Brühwurst herstellen wollen, dann müssen Sie das rohe Fleisch vorab kuttern oder sehr fein, mindestens zweimal, wolfen und hinterher die Wurst auch noch brühen. Dazu ist schon etwas mehr an Aufwand und Gerät notwendig. Auch lohnt sich der Aufwand nicht für ein Kilogramm Brät. Der etwas kompliziertere Vorgang der Herstellung ist auch für den Hausschlachter durchaus zu bewältigen, aber eben schlecht in den Ablauf einer Hausschlachtung, bei der verschiedene Wurstsorten nacheinander gefertigt werden, zu integrieren. Sie können sich aber gerne an der Herstellung einer Brühwurst versuchen, wenn Sie an einem Nachmittag mit Schweinebauch und Schulterfleisch eine kleinere Menge herstellen wollen.

Wurst brühen

In das Kochwasser sollten Sie 2 % Salz geben, damit die Wurst nicht so viel Geschmack verliert, 2 % sind 20 Gramm auf einen Liter, also 2 kg auf einen 100-Liter-Kessel. Damit weist das Wasser in dem Kessel den gleichen Salzgehalt auf wie die Wurst, und diese verliert nicht so an Geschmack.

Wichtig ist die richtige Temperatur, damit die Würste nicht platzen. Peilen Sie 80 °C an, eventuell müssen Sie etwas Brühe abnehmen und Eis, Schnee oder kaltes Wasser dazugeben, denn irgendwann muss das Brühen beginnen, damit es dann auch irgendwann zu Ende ist, und auskühlen müssen die Würste ja auch noch. In der Feldküche befinden sich zwei Kessel, die nicht direkt geheizt werden, sondern über einen doppelwandigen Kessel verfügen, dessen Zwischenraum mit einer Kochbadflüssigkeit gefüllt ist, sodass er noch schlechter die Temperatur verliert. Dafür hat er den Vorteil, dass man mit der Pilotflamme vom Brenner genau die aktuelle Temperatur halten kann. Brühen Sie die Würste pro Millimeter Durchmesser eine Minute. Die dicken Rotwürste mit 80 mm werden also 80 Minuten gebrüht, die dünnen mit 30 mm Durchmesser 30 Minuten. Um die Würste unterzutauchen gibt es ein Schwimmgitter aus Holz oder Aluminium, das die Würste unter die Oberfläche drückt. Trotzdem sollten Sie regelmäßig die Würste drehen und die Temperatur kontrollieren. Wenn Sie in einen Brühkessel von 60 Liter Brühe von 85 °C 20 kg Wurst geben, fällt die Temperatur je nach Außentemperatur teilweise um 10 °C oder noch mehr, das müssen Sie kontrollieren und einstellen, denn sonst wird die für die Haltbarkeit notwendige Kerntemperatur nicht erreicht.

Beim Herausnehmen der frischen Würste sollten Sie äußerst vorsichtig sein, denn die Därme sind sehr empfindlich und eine Rotwurst ist schnell geplatzt – zum Ärger desjenigen, der Wurst essen will, aber zur Freude desjenigen, der sich auf die Schlachtebrühe freut. Nehmen Sie entweder einen „Wurstheber" – eine überdimensionierte Schaumkelle – oder greifen Sie die Fleischgabel an den Zinken und greifen Sie die Wurst mit dem Griff der Gabel. Das geht allerdings nur bei rund gebundenen Würsten.

Die kleinen Knackwürste können Sie auch „endlos" an einem lange Wurstband abbinden und dann nach dem Brühen in einzelne Würste schneiden und mit einem weiteren Band zum Aufhängen versehen.

Nach dem Brühen wird die Wurst in heißem Wasser abgespült. Sie muss dann in Eiswasser abkühlen. Dabei löst sich das außen anhaftende Fett und erstarrt auf der Wasseroberfläche. Dieses sollten Sie abschöpfen, bevor Sie die Würste herausnehmen, denn dadurch werden die Würste schmierig und unansehnlic

Kochwurst herstellen

Was ist eine Kochwurst? Das Fleisch wird gekocht und dann von den Knochen gesammelt, zerkleinert und mit anderen gekochten oder rohen

Teilen vermischt und in Därme gefüllt. Danach wird die Wurst zur Haltbarmachung bei 80 °C gebrüht. Die Wurst wird nicht bei 100 °C gekocht, denn zum einen ist das Fleisch zum Teil ja schon gekocht, und zum anderen platzt dabei unweigerlich der Darm und die Wurst verliert den Geschmack. Beim erneuten Erhitzen wird Kochwurst im Gegensatz zur Brühwurst wieder flüssig. Ein typischer Vertreter ist die Leberwurst.

Vorsicht beim Aufkochen: Das Fleisch schäumt auf und kocht über, deshalb den Kessel nur zu 2/3 füllen.

Für kleinere Mengen ist ein Einkochtopf auf dem Herd oder ein Hockerkocher ausreichend. Bei einem normalen Schlachtefest ist jedoch ein Schlachtkessel mit 80 bis 200 Litern notwendig. Dieser darf auch nur zu 2/3 gefüllt werden, denn das Fleisch schäumt beim Kochen auf und kocht über. Für die Beheizung ist bei den alten Kesseln Holz üblich, aber Gas ist auch eine gute Möglichkeit, Strom hingegen ist wegen der geringen Heizleistung schlecht geeignet. Gas lässt sich bequem regeln und wenn Sie nur wenige Helfer zur Verfügung haben ist es nicht verkehrt, sich bei der Heizung der Kessel schon mal zu entlasten.

In das Kochwasser sollten Sie 2 % Salz geben, damit die Wurst nicht so viel Geschmack verliert. 2 % sind 20 Gramm auf einen Liter, also 2 kg auf einen 100-Liter-Kessel. Damit weist das Wasser in dem Kessel den gleichen Salzgehalt auf wie die Wurst und sie verliert nicht so an Geschmack. Nach dem Brühen muss die Wurst in Eiswasser abkühlen. Dabei löst sich das außen anhaftende Fett und erstarrt auf der Wasseroberfläche. Dieses sollten Sie abschöpfen, bevor Sie die Würste herausnehmen, denn dadurch werden die sie schmierig und unansehnlich.

Rot- oder Blutwurst

Die Herstellung einer ordentlichen Rotwurst ist die hohe Kunst der Hausschlachterei, weil die Bestandteile separat hergestellt und dann vermischt werden müssen. Dabei muss man auch noch darauf achten, dass das Blut in etwa die gleiche Temperatur besitzen sollte wie die anderen Zutaten, um sich gut vermischen zu lassen.

Die Blut-Schwarten-Masse ist die Masse, die die Einlage einschließt. Das Blut ist für die Farbe da, denn geschmacklich trägt es nichts zur Wurst bei. Früher wurde es verarbeitet, weil es jede Menge Mineralien beisteuert. Benutzen Sie nur Schweineblut, denn Rinder- oder Schaftblut ist nicht geeignet, da es durch die Art des Schlachtens (der Hals wird durchtrennt) mit Speichel und Panseninhalt verunreinigt sein kann.

Wenn Sie eine Wurst in dünnere Därme, bis etwa Kaliber 40 mm, mit der Wurstpresse füllen wollen, dann sollten die Stücke der Einlage entsprechend klein geschnitten sein, um mehrere Stückchen nebeneinander in den Darm füllen zu können und damit die Masse überhaupt durch das Füllrohr passt. Es kann passieren, dass die Presse nicht komplett entleert werden kann, weil die unten in der Presse liegenden Stücke der Einlage verhindern, dass der Stempel komplett heruntergefahren werden kann. Als Einlage eignet sich das Fleisch aus der Schulter oder der Keule. Dieses wird im Kessel gar gekocht und in kleine Würfel – Kinkel genannt – geschnitten. Als Speckeinlage eignet sich Rückenspeck, der zwar ebenfalls gekocht wird, aber nur so weit, dass er sich gerade noch mit den Fingern durchdrücken lässt. Zu kurz oder zu weit gekocht und der Speck färbt sich später beim Kochen der Würste und wird im Schnittbild nicht appetitlich weiß, sondern zeigt Bluteinlagerungen. Als Einlage eignet sich auch die Zunge, die so weich gekocht wird, dass man die Haut bequem lösen kann. Die Zunge wird meist im Ganzen in eine besonders dicke Rotwurst gefüllt. Darin sollte sie allerdings in der Mitte zum liegen kommen, damit das Schnittbild professionell aussieht. Solche großen Würste stopft man nicht mit der Maschine, sondern füllt sie mit einem Trichter, denn die Verteilung der Masse und der Einlage in der Wurst lässt sich nur mit der Hand vernünftig steuern.

Als Speckeinlage eignet sich Rückenspeck.

Zu der Mischung der einzelnen Teile: Das Blut und die fein gewolften Schwarten mischen Sie 50/50 und mischen diese gut durch. Dabei sollten die Schwarten nicht zu kalt sein, da sie sonst anfangen zu kleben. Beim Mischen sollten Sie merken, wenn die Masse anfängt fester zu werden, die Schwarten also schon gelieren. Geht das zu schnell, können Sie etwas heiße Brühe aus dem Kessel zugeben.

Tipp

Das Blut benötigt die gleiche Temperatur wie die Schwarten, denn dann mischt es sich leichter und kühlt auch nicht die Schwarten ab, die dann gelieren. Das Blut wird in einer Tüte geliefert, die Sie in einen Eimer mit heißer Brühe legen. Nach einer halben Stunde sollten Sie nachschauen, ob das Blut schon wärmer geworden ist.

Die Einlage mischen Sie aus 80 % Fleisch und 20 % Speck. Sie geben das gesamte Gewürz auf die Einlage und mischen es dann gut durch, damit möglichst viel Gewürz an dem Fleisch kleben bleibt.

Die Einlage und die Blut-Schwarten-Masse mischen Sie wiederum im Verhältnis 40 % Blut-Schwarten-Masse und 60 % Einlage.

Hier ein Rechenbeispiel:

Sie wollen 10 kg Rotwurst herstellen, dann brauchen Sie
4 kg Blut-Schwarten-Masse aus 2 kg Blut und 2 kg Schwarten
6 kg Einlage aus 4,8 kg Fleischeinlage und 1,2 kg Speck

Zu der Rotwurst kommen auch einige gekochte Zwiebeln, die Sie als letztes durch den Fleischwolf geben sollten, damit ihn die Schwarten nicht verkleben und er leichter zu reinigen ist.

Brühen der Rotwurst

Das Brühen der Rotwurst – pro Millimeter Durchmesser eine Minute bei 80 °C – sorgt nicht nur für eine längere Haltbarkeit, sondern gibt den Gewürzen auch Zeit, um die Fleisch- und Speckstücke zu durchdringen und den Geschmack in die ganze Wurst zu bringen. Ansonsten wäre die Blut-Schwarten-Masse überwürzt und die Einlage zu fade. Weiterhin sorgt das Brühen dafür, dass die Masse während des Brühens flüssig bleibt und sich so die Gewürze noch besser verteilen können. Nach dem Brühen wird die Wurst kurz heiß abgespült, um das Fett zu entfernen, und dann zum Auskühlen entweder in Wasser oder auf den Metalltisch gelegt. Die ausgekühlte Wurst kann dann abtrocknen und wird für einen Räuchergang kaltgeräuchert.

Pro Millimeter Durchmesser eine Minute brühen bei 80 °C.

Die dickste Rotwurst bleibt bis zum Schluss hängen und wird knochentrocken. Dann schneidet man davon dicke Scheiben ab und gibt sie auf einen Teller mit Schnibbelbohnensuppe, in der sie schmilzt und eine hervorragende Einlage bildet.

Machen Sie die Rotwurst nicht zu groß, denn sie soll in einer normalen Familie ja auch aufgegessen werden können. Frisch aufgeschnitten schmeckt die Wurst am besten, wenn der letzte Zipfel tagelang im Kühlschrank liegt wird er nicht besser.

Wie bei allen Kochwürsten brauchen Sie eine Wassertemperatur von 70 bis 80° C. Am einfachsten nehmen Sie die Brühe im Kessel, von der Sie zunächst das Fett abschöpfen und als Schmalz aufheben. Dann sollten Sie – wenn der Kessel zu voll ist – einige Liter ablassen und kaltes Wasser dazugeben, denn der Kessel müsste noch vom Fleisch kochen bei 95 °C liegen. Wenn Sie viele Würste auf einmal brühen wollen, dann reicht es den Kessel auf 80 °C herunterzukühlen und die Würste hineinzugeben, denn diese kühlen das Wasser ebenfalls ab. Ansonsten ist es leichter die richtige Temperatur von unten kommend einzustellen. Also bei 65 °C anfangen, die Würste hineingeben und anheizen, bis Sie bei 70 °C liegen. Dann heizt der Kessel noch etwas nach und bei 75 °C bleibt das Thermometer stehen. In dem Brühwasser sollten 2 % Salz enthalten sein, damit die Wurst nicht auslaugt. Um die Würste unter Wasser zu drücken, sollten Sie ein Holzgitter oder einen Schwimmdeckel aus Metall nutzen. So werden die Würste gleichmäßig erhitzt und durchgebrüht.

Bei den verschiedenen kleinen Kochwürsten wie Leber- oder Knackwurst ist es vorteilhaft, diese in einem Strang abzubinden, denn dann haben Sie diese leichter mit einem Griff aus dem Wasser gefischt. Sollte dabei ein Knoten nicht halten, dann kann das Brät nicht in die Brühe laufen, denn daneben liegt ja der nächste Knoten von der benachbarten Wurst.

Leberwurst

Leberwurst

Gekochtes fettes Fleisch: 5 Teile
Angebrühte Leber: 2 Teile

20 g Salz
3 g weißer Pfeffer
1 ½ g Piment
1 g Thymian
1 g Majoran
½ g Muskat
Brühe für die Konsistenz
10 % gekochte Zwiebel

Die Leberwurst ist eine der Wurstsorten, die immer sehr gerne gegessen wird und auch aus der Dose lecker schmeckt. Auch kann man hier viel von dem fetten Fleisch unterbringen, das für die Mettwurst zu viel wäre. Hier finden die Unterteile der Schweinebäuche – die Wammen – Verwendung. Auch die gekochten Backen sind hier gut aufgehoben. Die Leber wird nur einige Minuten in der Kesselbrühe in einem Schwartennetz gebrüht, um fester zu werden, sodass sie der Fleischwolf besser schneiden kann. Durchgegarte Leber erzeugt nicht die Emulsion, die wir brauchen!

Zum Füllen in Därme verwenden wir die Rinder-Kranzdärme, die gleiche Sorte wie für die Mettwürste. Die etwas dickeren Würste, die für die heutige Familiengröße meist zu schwer sind, kommen entweder in die Fettenden oder in Schweinekrausen. Die Masse lässt sich aber auch gut in kleinen Portionen in der heimischen Küche herstellen und in Gläsern einkochen. Von der Leber sollte man nicht mehr als 30 % beigeben, weil sonst ein bitterer Lebergeschmack durchkommt.

Knackwurst

Knackwurst

Gekochtes fettes Fleisch: 5 Teile
20 g Salz (Für die Dosen weniger Salz, da es nicht auskocht und sie sonst zu salzig sind)
3 g Pfeffer
1 ½ g Piment
2 g Thymian
1 g Majoran
½ g Muskat
15 % gekochte Zwiebel

Knackwurst ist sozusagen eine Leberwurst ohne Leber. Sie ist sehr fettig und wird als Streichwurst auf Brot gegessen, vorzugsweise mit Senf. Gerade früher bei den sehr fetten Hausschlachteschweinen war Knackwurst einer der größten Posten. Sie schmeckt sehr nach Thymian, und das ist auch so gewollt. Knackwurst wird in Schweinedärmen 28/30 (Bratwurst-Größe) gefüllt und in kleinen Kringeln abgebunden, um dann als Geschenk an die Nachbarn verteilt zu werden. Wer Schlachtebrühe bekam, dem hängte man auch noch ein „Schlenkerchen" an die Milchkanne. Diese Würste sind für den sofortigen Verzehr gedacht und halten sich nicht besonders lange. Sie können auch ein- oder zweimal übergeräuchert werden. Der Rest kommt in Dosen.

Einige Worte zur Knackwurst:

Jeder Landstrich in Deutschland kennt „Knackwürste". Meist bezieht sich der Name auf das Geräusch beim Reinbeißen. Das „Deutsche Lebensmittelbuch" kennt drei Arten von Knackwürsten. Zum einen die dicken Brühwürstchen mit einer fein gekutterten Masse, eben ganz normale „Wiener Würstchen", wie man diese als Einlage für die Erbsensuppe nutzt. Dann die Thüringer Knackwürste, das sind Mettwürste mit Schweine- oder Rindfleisch und im Kranz gebunden, sie entsprechen in diesem Buch den Mettwürsten. Und dann die Knack- oder Knappwurst, die eine Kochmettwurst ist und ohne Pökelsalz hergestellt und daher nicht umgerötet wird

Lose Wurst

Beim Schlachten fallen auch jede Menge Wurstreste an, die sich so nicht weiterverarbeiten lassen. Diese werden in der „Losen Wurst" verbraucht. Es handelt sich um ein Gericht aus der schlechten Zeit und wird daher heute auch kaum noch gekocht. Je nach Region hat es verschiedenen Namen: Pottwurst, Weckewerk, Tote Oma, Hackewurst, Pfannenschlag, Knipp, Schwärchen, Stippgrütze, Lose Wurst und viele andere mehr. Grundlage ist eine Grütze, also Getreidekörner, die in Wasser oder Schlachtebrühe vorgequollen werden.

Dann kommen die Reste aus dem Wurstfüller – die sich nicht mehr herausdrücken lassen – in den Topf, zuerst die Reste der Mett- und Bregenwürste, dann die Knackwurst, Leberwurst und zum Schluss die Rotwurst. Auch der Rest vom Blut kann verarbeitet werden. Mit Schlachtebrühe wird die Konsistenz hergestellt. Zum Schluss werden alle restlichen Schwarten und Fetteile, die für die Sülze nicht mehr gebraucht werden, durch den Fleischwolf gegeben und anschließend ein oder zwei gekochte Zwiebeln, damit der Wolf leichter zu reinigen ist. Sollten beim Brühen Würste platzen, dann können die auch in die Lose Wurst wandern. Da die einzelnen Zutaten je nach Verfügbarkeit variieren und auch teilweise schon gewürzt sind, kann man kein Rezept angeben. Hier muss man selbst abschmecken und nachwürzen. Auf jeden Fall mit Pfeffer und Piment, auch Muskatnuss und Thymian dürfen nicht fehlen.

In der „Losen Wurst" lassen sich Wurstreste verwerten.

Die Lose Wurst wird entweder in Dosen gefüllt und zugekocht oder heiß in große Sterildärme gefüllt und abgekühlt. Nach dem Erkalten ist die Wurst gummiartig aber schnittfest und hält sich einige Tage im Kühlschrank. Eine andere Möglichkeit ist, die Wurst im Topf abkühlen zu lassen. Dann wird der Topf kurz im Waschbecken in heißes Wasser gestellt und die Lose Wurst lässt sich in einem Stück entnehmen. Dann schneiden Sie diese in passende Stücke und vakuumieren sie in Plastiktüten, um diese dann flachzudrücken und einzufrieren.

Pottwurst ist ein schnelles Essen, das es früher immer am Samstag gab, mit Pellkartoffeln und saurer Gurke oder süßsauer eingelegtem Kürbis.

Pottwurst mit Pellkartoffeln und saurer Gurke gab es früher samstags.

Sülzen und Pasteten

Im Schlachtekessel schwimmt eine Menge Fleisch an den Knochen herum, das irgendwie genutzt werden sollte. Sobald es sich von den Knochen löst, werden diese und andere Fleischteile herausgesucht und zum Abkühlen beiseite gestellt. Die Knochen sollten aber nur so weit abkühlen, bis man sie anfassen kann. Ansonsten werden die Schwarten fest und das Absammeln des Fleisches wird wieder schwieriger. Diese Fleischabschnitte sind ideal für Sülze. Schneiden Sie dabei alles weg, was Sie nicht appetitlich finden und achten Sie darauf, dass die Fleischstücke als solche noch zu erkennen sein sollten, denn man sieht sie in der Gallerte später. Wer mag, kann auch Schwarten und Fettstücke in die Sülze geben, dann wird das Fleisch in 2 x 2 cm große Würfel geschnitten, die Schwarten und Fettstücke sollten deutlich kleiner geschnitten werden. So vermeidet Sie, dass man hinterher auf der Gabel nur „Schwabbel" vorfindet, was nicht jedermanns Sache ist. Da das Fleisch schon gekocht wurde, reicht es, wenn sie es in den nächsten paar Tagen verzehren wollen, das Fleisch in einer Schüssel mit Aspik zu übergießen. Wenn Sie es länger haltbar machen möchten, dann mischen Sie das Fleisch in einer Schüssel mit Pfeffer und Salz und evtl. Majoran. Anschließend füllen Sie es in Dosen oder Gläser, aber nur jeweils zu 3/4 füllen, denn es kommt ja noch der Aufguss dazu. Weichen Sie die Gelatine nach Anweisung ein. Stellen Sie lieber etwas mehr Aufguss her, denn etwas davon wegzugießen ist einfacher als noch mal für eine Dose etwas nachmachen zu müssen. Da es sehr viele verschiedene Aspikpulver bzw. Sorten Gelatine zu kaufen gibt, kann ich hier natürlich kein allgemeingütiges Rezept angeben. Der Unterschied zwischen Gelatine und Aspik ist ganz einfach: Gelatine ist das Pulver aus tierischen Nebenprodukten oder Kollagen und Aspik ist eine gelierte Masse aus Wasser oder Brühe, die das Fleisch nach der Zubereitung einhüllt.

Aspik wird aus Gelatine hergestellt.

Auf jeden Fall ist es wichtig, dass der Aufguss deutlich überwürzt schmecken muss wenn die Dosen eingekocht werden, weil dabei jede Menge Geschmack an das Fleisch abgegeben wird. Der Aufguss ist recht einfach herzustellen: Schätzen Sie die benötigte Menge an Aspik ab, und lassen Sie es in etwas kaltem Wasser quellen. Am besten geht das in einem großen durchsichtigen Messbecher, so wissen Sie immer, wie viel Sie noch an Brühe zugeben müssen. Das gequollene Aspikpulver – bzw. die Gelatine – wird mit der Brühe und Essig aufgefüllt, dann mit Zucker, Salz und Pfeffer, wer mag auch mit Piment, Thymian, Majoran oder Kümmel, sehr würzig und sauer abgeschmeckt und mit einem Schneebesen kräftig durchgerührt, damit in jede Dose etwas von den aufgewirbelten Gewürzen kommt. Ansonsten bekommt die letzte Dose den Bodensatz aus Pfeffer und schmeckt nicht.

Der Aufguss muss deutlich überwürzt schmecken.

Früher wurde die Sülze mit durchgedrehten Schwarten gemischt und nur mit Brühe aufgegossen, aber um damit eine ordentliche und vor allem reproduzierbare Konsistenz hinzubekommen, braucht man eine Menge Erfahrung.

Wenn Sie die Sülze extra zubereiten, um diese bei einem Herrenabend zu reichen, können Sie in der Kochbrühe auch einige Mohrrüben mitkochen und diese zusammen mit einigen Gewürzgurken in kleine Würfelchen schneiden und als Farbtupfer beigeben. Auch bietet sich hierbei der Einsatz von Pökelsalz an, weil die Sülze dann appetitlich rot wird.

Die Sülze kann nicht nur in Dosen eingekocht werden, sondern auch in Gläsern, wobei dann Sturzgläser notwendig sind, um die Sülze auch bequem auf den Tisch zu bringen. Sie stellen das Glas einfach einige Momente in heißes Wasser im Waschbecken, denn dann verflüssigt sich das Aspik an der Glaswand und die Sülze lässt sich gut stürzen. Bei Dosen

können Sie neben dem Deckel auch zusätzlich den Boden aufschneiden und die Sülze dann einfach herausdrücken. Sülze sollte immer einen Tag vor dem Verzehr im Kühlschrank gelagert werden, um richtig kalt und fest zu sein. Wenn es in der Dose beim Schütteln schwappt, dann ist die Sülze zu warm und flüssig und schmeckt dann nicht.

Sie können die Sülze auch in weite Sterildärme füllen und nach dem Erkalten in Scheiben schneiden. Früher wurde Sülze oft mit einer Tunke aus Essig, Öl und Zwiebeln angemacht, aber ich bevorzuge Remouladen- oder Tartar-Soße und Bratkartoffeln.

Sülze-Rezept

Kochen Sie zunächst das Fleisch (vorzugsweise vom Kopf und den Eisbeinen) zwei Stunden in folgender Mischung:
Pro Kilogramm Fleisch:
etwa 1 Liter Wasser (bei Bedarf auch mehr, das Fleisch sollte bedeckt sein)
20 g Pökelsalz oder Salz
4 g weißer Pfeffer
3 g Kümmel
1 g Macis
1 Lorbeerblatt

Nach zwei Stunden kochen schneiden Sie das Fleisch in Stücke und füllen es in Gläser, die Sie mit in der Brühe aufgelöstem Aspik übergießen und zwei Stunden zukochen. In unserem Kurs geben wir das Fleisch in Kristallbecher aus Plastik und darüber die Aspik-Brühe. Sobald das erkaltet ist, kann man den Deckel schließen und die Sülze in einigen Tagen verzehren.

Von der Kochbrühe nehmen Sie so viel Sie meinen zum Auffüllen der Gläser zu brauchen, dazu kommt 150 g Aspik pro Liter Brühe.
Da wir das Fleisch in dem großen Kessel kochen, müssen wir in die Flüssigkeit zum Auffüllen den Geschmack reinbringen. Im Zweifel hilft Maggi und ein kräftiger Schuss Essig. Die Flüssigkeit mit dem Aspik muss überwürzt schmecken, weil von dem Geschmack noch eine Menge in das Fleisch übergeht

Speck und Schinken

Schon seit etlichen Jahrhunderten macht der Mensch Schinken, um das an sich leicht verderbliche Fleisch haltbar zu machen. Ursprünglich wurde das Fleisch nur getrocknet, später auch geräuchert und schließlich kam Salz dazu. Durch die jahrhundertelange Entwicklung des Pökelns haben sich abertausende von Verfahren und Rezepten entwickelt, die hier natürlich nicht alle aufgeführt werden können. Also soll hier nur ein einfaches, aber sicheres Rezept vorgestellt werden, mit dem jeder Leser schnell und unkompliziert zu einem selbstgeräucherten Schinken oder Speck kommen kann.

Sinn des Pökelns

Fleisch ist ein nahrhaftes und hochwertiges Lebensmittel, nicht nur für Mensch und Tier, sondern auch für allerlei Mikroorganismen, deren Leben auf und im Fleisch von uns als Verderb bezeichnet wird. Beim Pökeln wird dem Fleisch durch das Salz zum einen Wasser entzogen und zum anderen laufen verschiedene chemische Prozesse ab, die Farbe, Geruch und Geschmack beeinflussen. Hierbei unterscheidet man zwei Methoden: Das Trockenpökeln, bei dem das Fleisch mit Pökelsalz und Gewürzen eingerieben wird und das Nasspökeln, bei dem das Fleisch in eine Lake – einer Lösung aus Pökelsalz und Wasser – eingelegt wird. Das Nasspökeln ist in der Regel schwieriger durchzuführen, daher beschreibe ich im Folgendenden nur die Trockenpökelung.

Bei Hausschweinen kaufen Sie für Rippenspeck ganze Schweinebäuche, entfernen die Rippen und schneiden sie in handliche Stücke. Für Schinken eignen sich Schweine-Unterschalen mit Schwarte, diese Stücke haben mit etwa 2 kg Gewicht genau die richtige Größe. Ich kann einen Anfänger von ganzen Schinken nur Abraten, denn die sind sehr schwierig zu pökeln. Bei solchen schweren Schinken ist der Weg für das Salz bis nach innen zum Knochen sehr lang und damit auch die Zeit, bis sich ein Schutz vor Bakterien aufgebaut hat.
Weiterhin muss man große Schinken zum Aufschneiden ohnehin in Portionen teilen. Der einzige Vorteil ist, dass die Oberfläche und damit der Verlust an harter Schwarte und Rand relativ gering ist.

Welches Fleisch ist geeignet

Beim Pökeln ist äußerste Sauberkeit notwendig, denn die Fleischportionen werden nicht durcherhitzt und sind daher gerade in der Anfangsphase des Pökelns und Räucherns sehr anfällig für Schimmel und Verderb.

Profi-Tipp

Sie sollten nicht mit zu geringen Mengen arbeiten, denn der Räucherschrank braucht die gleiche Menge Späne, wenn er fast leer ist, wie bei Vollbelegung. .

Beim Trockenpökeln reiben Sie das Fleisch pro Kilogramm mit 50 g Pökelsalz ein. Fleischstücke mit einem Gewicht von über 2 Kilogramm sind jedoch für das Einsalzen durch einen Anfänger ungeeignet, da diese nur ungleichmäßig durchpökeln und Sie so den Wettlauf mit den Mikroorganismen um den Verderb verlieren können. Versuchen Sie sich für den Anfang zunächst an einer Speckseite, die ist relativ dünn und gleichmäßig: Entfernen Sie die Rippen und schneiden Sie die Speckseite in Stücke von etwa Din-A4-Format, sodass diese in die vorgesehenen Vakuum-Beutel passen. Wiegen Sie die Fleischstücke ab und berechnen Sie dann die notwendige Menge Pökelsalz und Gewürze. Bewährt haben sich pro kg Fleisch

50 g Nitritpökelsalz
2 g Zucker (oder Traubenzucker oder Honig)
10 g Gewürze (5 g weißer Pfeffer, 5 g schwarzer Pfeffer)
2 g Knoblauch
evtl. Wacholderbeeren, Lorbeerblätter

Das Fleisch von allen Seiten gründlich einreiben.

Reiben Sie das Fleisch von allen Seiten gründlich mit dem Salz und den Gewürzen ein, sodass es rundherum eindringen kann. Schon bald bildet sich eine Lake, die aus austretendem Wasser und Fleischsaft besteht. Legen Sie die eingesalzenen Fleischstücke in den Vakuumbeutel und geben Sie das restliche Salz dazu, das nicht am Fleisch haften geblieben ist, damit genügend Salz in dem Beutel vorhanden ist.. Saugen Sie die Luft ab und verschweißen Sie den Beutel. Achten Sie darauf, dass Sie nichts von der Lake in das Vakuumiergerät saugen.

In dieser Verpackung wandert der Schinken/Speck in den Kühlschrank, um bei vier bis sechs Grad für acht bis zehn Tage durchzusalzen. Drehen Sie den Beutel jeden Tag einmal um, so dringt das Salz von allen Seiten in den Speck ein und verliert Wasser. Gleichzeitig sorgen die Pökelstoffe dafür, dass sich durch die sogenannte Umrötung die typische rote

Färbung nach dem Räuchern zeigt. Die Gewürze lösen sich in der Lake und dringen in das Fleisch ein, um es zu würzen.

Nach zehn Tagen in der Lake ist die Salzkonzentration in den Außenbereichen sehr hoch und im Inneren des Fleisches noch relativ gering. Um das auszugleichen, nehmen Sie das Fleisch aus der Verpackung und spülen es unter kaltem, fließendem Wasser ab und legen es für genau 24 Stunden in eine Wanne mit kaltem Wasser, das Sie in der Zeit zwei bis dreimal erneuern. Dabei löst sich der überschüssige Teil des Salzes in den äußeren Fleischschichten. Nach dem Wässern legen Sie das Fleisch zum sogenannten Durchbrennen wieder zurück in den Kühlschrank. Dabei gleicht sich der Salzgehalt in den äußeren und inneren Bereichen aus. Danach ist das Fleisch fertig zum Räuchern.

Beim Räuchern nutzen Sie am besten Buchenholzmehl zum Kalträuchern, das so fein wie Kaffepulver ist. Das Räuchermehl darf nur glimmen und so viel Rauch erzeugen wie eine Zigarette, die Temperatur im Räucherschrank sollte nicht über 25 C° steigen. Nach vier bis sechs Räuchergängen von jeweils einigen Stunden und jeweils einer Ruhezeit von einem Tag dazwischen sollte die Schwarte goldgelb und hart werden. Noch vier bis sechs Wochen im Räucherschrank nachreifen lassen und Ihr erster selbstgemachter Schinken ist fertig!

Verwenden Sie Buchenholzmehl zum Kalträuchern.

Auf einen Blick:

- Fleisch in 1–2 kg-Stücke teilen
- Gewürze wiegen: pro kg Fleisch benötigen Sie:
  50 Gramm Pökelsalz, 2 Gramm Zucker und 10 Gramm Gewürze (5 g weißen und 5 g schwarzen Pfeffer), 2 g frischen Knoblauch Fleisch mit der Gewürz/Salzmischung einreiben, besonders die Schnittflächen
- in Vakuum einschweißen, wer keine Möglichkeit dazu hat, legt die Fleischstücke dicht an dicht in eine lebensmittelechte Wanne
- 10 Tage pro kg Gewicht im Kühlschrank pökeln, täglich wenden
- abspülen und 24 Stunden wässern, das Wasser zwei bis dreimal ersetzen
- 1–2 Tage im Kühlschrank durchbrennen lassen
- abtrocknen und vier- bis sechsmal kalträuchern und nachreifen lassen

Ganzer Schinken

Der Traum eines jeden Hausschlachters ist ein perfekt gereifter ganzer Hinterschinken. Aber das ist wirklich die Königsklasse und man sollte zunächst mit einfachen Schinken üben, bevor man sich an einen Hinterschinken einer teuren Bio-Hinterkeule versucht. Ein Schinken wiegt 10 kg und kostet pro Kilogramm im Großmarkt um 2,50 Euro, der Wareneinsatz liegt demnach bei 25 Euro. Da ist es nicht so schlimm, wenn mal etwas schief gehen sollte. Wenn aber eine Riesenkeule mit 15 kg vom Bio-Schwein für 12 Euro das kg verdirbt, sieht das ganz anders aus. Um eines gleich im Vorfeld zu klären: einer von fünf Schinken wird schlecht.

Der Traum eines Hausschlachters: ein perfekt gereifter ganzer Hinterschinken

Die besten Erfahrungen habe ich mit luftgetrocknetem Schinken gemacht, an dem die Schnittfläche mit Schmalz und Pfeffer eingerieben wird. Dadurch verhindert man den Trockenrand, der sich leicht an dem ungeschützten Fleischteil einer ganzen Keule bildet. Der Schinken muss einfach zu lange hängen, um zu reifen und Gewicht zu verlieren, dabei trocknet die Fleischseite aus und wird von innen heraus schlecht. Dann findet auch noch ein Brummer den Weg zum Schinken, verflüssigt sich innen hellbraun und wimmelt vor Maden. Da ist nichts mehr zu retten und der Schinken muss in die Mülltonne.

Bei einem ganzen Schinken müssen Sie auch mit einer Menge Verschnitt rechnen. Von 10 kg Ausgangsmaterial bleiben nur noch 70 % nach dem Reifen übrig. Von diesen 7 kg Schinken können Sie noch mal locker 2 kg als Abschnitt (gleich Abfall) abziehen. Somit können Sie von einem Schinken von 10 kg Anfangsgewicht höchstens 5 kg essen. Die sind dann allerdings ein Genuss. So erklärt sich auch der hohe Preis für diese Spezialität.

Aber nun zum luftgetrockneten Schinken. Ich nutze eine Methode mit viel Salz. Zunächst schneiden Sie den Schinken außen sauber zu, sodass sich keine losen Fleischfetzen mehr an der Schnittfläche befinden.

Massieren Sie von oben nach unten das Blut aus den Brandadern.

Beim Herstellen von ganzen Schinken müssen Sie die Brandadern (die dicken Adern, die im Innern der Keule verlaufen) ordentlich ausdrücken, damit dort das Blut herauskommt, da das einerseits den Schinken verfärben und andererseits verderben würde. Greifen Sie dazu den Schinken am Pfötchen und massieren Sie von oben nach unten, wobei Sie das gesamte Blut herausdrücken. Die blauen Adern unter der Schwarte zeigen das verbleibende Blut. Schinken mit ausgeprägten dunklen Adern unter der Schwarte sollten Sie nicht verarbeiten.

Reiben Sie den Schinken mit weißem Pfeffer und zerquetschtem Knoblauch ein. Dann schichten Sie einen Fingerbreit Speissalz in den Pökelbehälter. Achten Sie darauf, dass der Behälter den Schinken gerade so aufnehmen kann, denn umso weniger Salz benötigen Sie. Der Schinken kommt mit der Schwarte nach unten in die Kiste und wird komplett mit Salz bedeckt. So sollte der Schinken drei Wochen pökeln. Danach graben Sie den Schinken aus dem Salz aus, waschen ihn ab und wässern ihn einen Tag und eine Nacht, wobei Sie das Wasser einige Male wechseln sollten. Eine Wanne mit 50 Litern Wasser ist dabei nicht zu klein, aber je weniger Wasser Sie zur Verfügung haben, desto häufiger müssen Sie das Wasser wechseln. Jetzt kommt der Schinken zum Durchbrennen und Abtrocknen für zwei bis drei Wochen an einen luftigen Platz. Ist er abgetrocknet und die Schwarte schon etwas ledrig geworden, dann können Sie die Fleischseite mit Schmalz versiegeln um einen Trockenrand zu verhindern. Dazu wird der Schinken zuerst mit weißem Pfeffer eingerieben, dann wird die Fleischseite mit Schweineschmalz, das Sie leicht angewärmt haben, etwa messerrückendick eingestrichen. Das geht am einfachsten, wenn Sie dafür Ihre Hände nutzen und dabei in einer warmen Küche arbeiten, wo der Schinken auch schon Zimmertemperatur angenommen hat.

Ist die Schwarte schon etwas ledrig, können Sie die Fleischseite mit Schmalz versiegeln.

Durch die als Hamburger Rundschnitt bekannte Form befindet sich unten am Schinken ein relativ dünner Teil, der sich dazu eignet als erstes abgeschnitten zu werden. So kann man schon mal vorab ein Kilogramm probieren. Die Schnittfläche wird wieder mit Schmalz versiegelt und der Schinken kann weiterreifen. Im Sommer sollten Sie den Schinken in einen alten Kopfkissenbezug hängen, der oben am Strick dicht zugebunden wird, damit Fliegen keinen Zugang haben und ihre Eier an den Schinken legen können.

Der richtige Platz zum Reifen ist der zugigste Teil in einer Scheune. Bei uns auf dem Hof ist das ein Offenstall für die beiden Pferde, dort befindet sich eine Stiege nach oben auf den Heuboden. Hier herrscht immer ein leichter Luftzug von unten nach oben. Genau über dieser Stiege (Steile Treppe) hänge ich die Schinken, so lange das Wetter nicht zu warm oder zu kalt ist. Die Schinken sollten nicht Durchfrieren, aber über Zimmertemperatur läuft das Fett, was ebenfalls schlecht wäre. In dieser Umgebung bekommen die Schinken auch ganz von selbst einen Edelschimmelbelag. Das Wichtigste beim Lufttrocknen ganzer Schinken ist die Geduld. Lieber ein paar Monate länger reifen lassen als einen zu weichen Schinken anzuschneiden, den man dann auch auf einer guten Aufschnittmaschine nicht hauchdünn schneiden kann.

Zum Aufschneiden nehmen Sie ein stabiles, aber scharfes Messer und kratzen zunächst das Schmalz ab. Dann wird die Schwarte entfernt und von der Innenseite bis auf den Knochen runtergeschnitten und dieser entfernt. Sie können den Schinken aber auch entlang des Knochens teilen, denn um einen ganzen Schinken aufzuschneiden, bräuchten Sie eine sehr große Aufschnittmaschine. Es ist auch möglich, den Schinken ähnlich den Serrano- oder Jamon-Schinken in ein Gestell zu spannen und dann mit dem Messer aufzuschneiden. Das ist aber nur ratsam, wenn der Schinken in einigen Tagen aufgegessen wird, was nur bei relativ kleinen Schinken möglich ist. Daher meine Empfehlung: Schneiden Sie den Schinken in gut zu handhabende Stücke von ein oder zwei Kilogramm Gewicht und vakuumieren Sie diese. Im Kühlschrank halten sie sich so einige Wochen oder sogar Monate, und Sie haben immer frischen Schinken zum Aufschneiden zur Verfügung, aber nur einmal den Aufwand der Reinigung.

Kratzen Sie zum Aufschneiden zunächst das Schmalz ab, dann entfernen Sie die Schwarte.

Um aus dem Schinken schöne Scheiben schneiden zu können, müssen Sie das Schmalz, die Schwarte und alle trockenen Stellen sowie das gelbe Fett entfernen. Dabei fällt eine Menge Verschnitt an, was sich leider nicht vermeiden lässt.

Ein Schinken – nicht der Luftgetrocknete, der braucht ein Jahr – wird erst angeschnitten, wenn der Kuckuck ruft. Dieser Zugvogel kommt immer zum Aufgang der Bockjagd zum ersten Mai wieder nach Deutschland, was auch die Spargelsaison einleitet, so ist für den ersten frischen Spargel auch der erste Schinken fertig.

Für geräucherte Schinken sollten Sie die Keule zerlegen und kleinere Portionen räuchern, denn das ist leichter zu handhaben als 15-kg-Brocken. Von den großen Schinken wird im Schnitt einer von fünf schlecht, wenn Sie den Schinken aber vorher teilen, dann verringert sich die Gefahr. Falls etwas schlecht werden sollte, ist ein nur ein 2-kg-schweres Stück leichter zu verschmerzen.

Schnellpökelverfahren

Früher wurde das Schnellpökelverfahren mit einer Lakespritze angewendet, wenn man spät in der Schlachtesaison noch Schinken machen musste (Notschlachtung o.ä.). So kam man mit dem Schinken nicht in die warme Jahreszeit. In der Industrie wird fast ausschließlich mit dem Schnellpökelverfahren gearbeitet, aber genau diesen Industrie-Geschmack wollen wir in den handgemachten Produkte nicht haben. Sie sollten daher von den Schnellpökelverfahren absehen.

Wann ist der Schinken fertig? Eine einfache Faustformel besagt: Wenn er 30 % Gewicht verloren hat. Hängen Sie daher einen Zettel mit dem Frischgewicht an den Schinken, dann können sie das aktuelle Gewicht immer vergleichen.

Faustformel: Der Schinken ist fertig, wenn er 30% Gewicht verloren hat.

Hinweis

Bei der Herstellung von Schinken sollten Sie schon beim Zuschneiden das lose Fleisch und die kleinen Fetzen abschneiden, denn diese trocknen beim weiteren Reifen so zusammen, dass sie ohnehin weggeschnitten werden müssen. So lassen sie sich aber noch für eine Mettwurst oder eine Suppe verwenden.

Kalträuchern geht nur in den Monaten mit „r“, also September bis April. Da Sie für einen Schinken bei zehn Räuchergängen (ein Tag räuchern, ein Tag aussetzen) mit 20 Tagen rechnen müssen, sollten Sie mit dem Räuchern spätestens Anfang März beginnen.

Kalträuchern nur in Monaten mit „r“.

Sie können das Räuchergut auch im Räucherschrank nachreifen lassen, was vorteilhaft ist, wenn der Räucherschrank fliegensicher ist.

Wie muss ein Schinken schmecken

Beim Geschmack von Schinken hat jeder seine eigenen Vorstellungen. Ich mag es lieber geräuchert, wobei meine Frau die „leicht ranzige Note“ von dem luftgetrockneten Schinken bevorzugt. Ich erinnere mich auch geschmacklich an meine Jugend, in der ich in einem Supermarkt – eher Feinkostgeschäft – gearbeitet habe.

Nach dem Ladenschluss am Samstagmittag kam der Chef und schmierte für uns Brötchen. Dazu kam eiskalte Butter, extra dick, (nicht die heute mit

Rapsöl gestreckten Sorten) und gefühlt 200 Gramm Holsteiner Katenschinken, hauchdünn geschnitten. Nach zwei oder drei solcher Brötchen hatte man wieder Kraft für die Nacharbeiten, die jeden Samstag bis in den Abend hinein dauerten.

Pferdeknochen zum Schinken prüfen. Eine Knochennadel vom Griffelbein eines Pferdes dient zum Prüfen von Schinken.

Wie testet man den Schinken?

In Italien ist es bei der Schinkenherstellung üblich, mit einem Pferdeknochen in die Schinken zu stechen und dann an dem Knochen zu riechen. Der Schinken sollte so riechen, wie man ihn haben will, also nach Schinken. Auf keinen Fall darf er säuerlich oder nach Verwesung riechen. Da sich die Verwesung zuerst am Knochen einstellt, erhalten Sie durch den Test eine Geruchsprobe von dem Inneren des Schinkens. Das ist eine einfache und gute Methode. Besonders bei dem luftgetrockneten Schinken, der an der Fleischseite mit Schmalz eingerieben ist, können Sie den Einstich wieder schließen, indem Sie etwas Schmalz mit dem Finger über das Loch streichen.

Ansonsten können Sie den Schinken auch mit den Fingern testen, indem Sie ihn zusammendrücken. Das erfordert aber eine Menge Erfahrung. Die Gewichtsmethode ist für den Anfänger eine der unkompliziertesten Methoden.

Schinken pökeln – aber wo?

Früher gab es bei uns zu Hause in der Speisekammer eine gemauerte Wanne in einer Ecke, bestimmt einen Meter lang und 40 cm breit und hoch. In dieser, innen mit Fliesen ausgemauerten, Wanne wurde der Schinken eingepökelt und mit einem Holzbrett abgedeckt. In unserem

Mit etwas Glück finden Sie eine solche Wanne zum Pökeln.

aktuellen Haus steht in einer Speisekammer neben dem eingebauten Räucherschrank ein glasierter Viehtrog, der dafür genutzt wurde. In vielen Häusern gibt es noch ähnliche Behälter, die meist von den neuen Besitzern aus Unkenntnis und natürlich auch aus mangelnder Verwendung entfernt oder zweckentfremdet wurden.

Eine moderne Lösung ist ein Pökeleimer, der sehr hoch und schmal sein sollte, um auch bei wenig Belegung genug Eigenlake mit dem Schinken in Kontakt zu bringen. Emaille-Behälter mit bereits abgeplatzter Emaille sind nicht geeignet, da das freiliegende Metall dann rostet.

Ein Schinken ist wie ein Haustier, er will jeden Tag sein Herrchen sehen!

Rippenspeck können Sie beim Schlachter gleich entschwarten lassen, dann nimmt die nun „nackte" Speckseite auch Rauch, und damit Geschmack, auf und kann mitgegessen werden. Weiterhin ist der Speck auch leichter zu schneiden, da die Schwarte immer sehr hart wird. Vor dem Austrocknen schützt die Schwarte ohnehin nicht, da dort drunter der Speck liegt, der nicht austrocknen kann.

Rippenspeck beim Schlachter entschwarten lassen.

Speck herstellen

Schälen Sie die Rippen als Ganzes ab.

Die Rippen sind erstklassige Spare-Ribs.

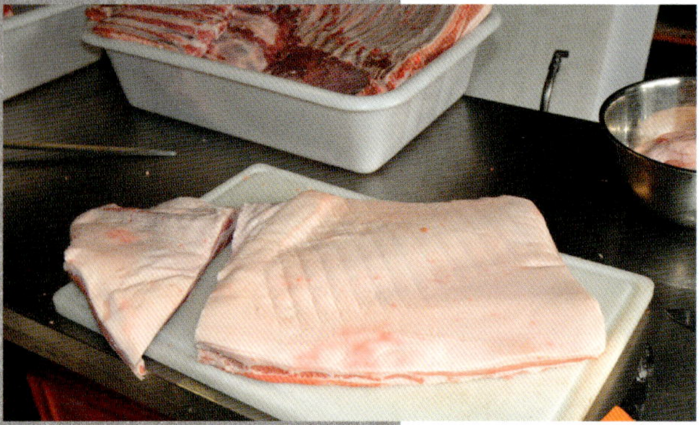

Schneiden Sie die fette Spitze weg, diese eignet sich als Suppenfleisch.

Mischen Sie die Gewürze und das Pökelsalz in einer Schüssel.

Legen Sie das Fleisch in eine Schale.

Dort wird es von allen Seiten mit der Salz-Gewürzmischung eingerieben.

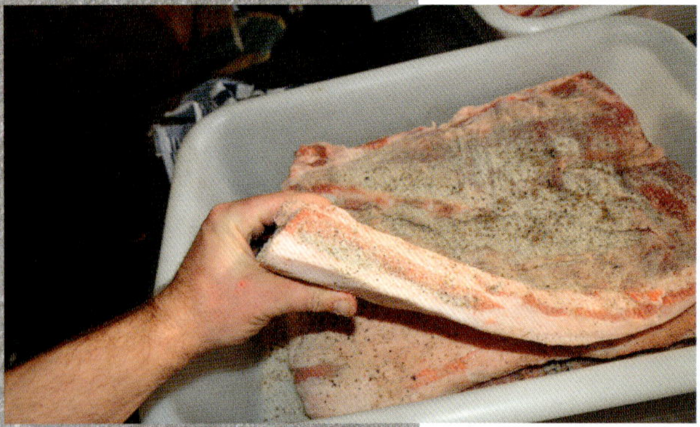

Vergessen Sie die Schnittflächen nicht.

Das Fleisch wird eng übereinander geschichtet.

Nach einigen Tagen bildet sich eine Lake.

Nach einigen Räuchergängen ist der Speck fertig.

Kotelettstrang mit Schwarte

Eines der edelsten Teile am Schwein ist der Rückenstrang, auch Schweinelachs genannt. Er wird von den Knochen abgelöst und besitzt dann noch den Speck und die Schwarte. Man kann diesen Teil als Schinken einpökeln, hat dann aber den Nachteil, dass auf dem Muskel eine ziemlich stabile Silberhaut liegt, die sich später am Schinken schlecht schneiden lässt. Wenn Sie das Fett entfernen – was in einer Mettwurst auch viel besser aufgehoben ist – können Sie den Schweinelachs von der Silberhaut befreien und als Lachsschinken zu einer mageren Schinkenspezialität verarbeiten. Mir ist das zu mager und damit zu fade und darum schneide ich den Lachs zu Minutensteaks und friere diese portionsweise ein. Mit der Schwarte als Schinken veredelt liefert er viele gleichmäßige Scheiben.

Ich schneide den Schweinelachs zu Minutensteaks.

Backen und Eisbein

Pökeln und räuchern Sie die Backen und Eisbeine für Erbsensuppen mit. Am Besten hängen Sie die Eisbeine gleich als erstes in den Räucherschrank und lassen sie dort, bis Sie die Wurst und den Schinken geräuchert haben. Dann sind die Eisbeine fast schwarz, bieten aber eine Menge Geschmack. Gepökelte und geräucherte Schweinebacke hat ein ganz spezielles Fett, das leicht schmilzt. Sie können diese Backen ruhig stark würzen, dann dünn schneiden und auf Pellkartoffeln schmelzen lassen oder auf Brotscheiben unter einem Salamander aufknuspern.

Coppa

Coppa ist schwach geräucherter Schweinenacken in Rinderbutte.

Auch wenn zu der typischen Hausschlachtung in meiner Region Coppa nicht dazugehört, soll hier trotzdem das Rezept verraten werden, denn er ist einer der Schinken, der in unserer Familie gerne gegessen wird. Bei dem Fleisch handelt es sich um Schweinenacken, der in eine Rinderbutte (Blinddarm vom Rind) gesteckt und mit Wurstband umwickelt wird. Er wird meist nicht oder nur schwach geräuchert und reift langsam in einer feuchteren Umgebung. Durch die Haut aus Rinderbutte sieht Coppa eher aus wie eine Salami. Da der Schweinenacken keine Schwarte besitzt, würde er ansonsten schnell austrocknen und einen Trockenrand bekommen. Durch die richtige Reifung kann sich auch ein weißlicher Belag aus Edelschimmel einstellen. Als Gewürze kommen nur Salz (kein Pökelsalz), etwas Zucker, weißer Pfeffer und Knoblauch zur Anwendung.

Die Rinderbutte ist ein Blinddarm, der für große Rotwürste etc. gedacht ist, in der größten Größe aber auch für Coppa geeignet ist. Es ist allerdings nicht ganz einfach, das Fleisch dort hineinzustecken. Die Butte sollte besonders groß sein und der Nacken eher am unteren Ende der Gewichtsskala. Auch flutscht es im warmen Wasser besser als im Trockenen. Zum Verzehr entfernen Sie die Rinderbutte und schneiden den Coppa-Schinken hauchdünn auf.

Ein Schweinenacken ist von Haus aus nicht rund im Querschnitt, sondern eher oval mit einem flachen Ausläufer seitlich. Hier entfernen Sie den dünneren Teil des Nackens mit einem beherzten Schnitt. Das verbleibende Stück ist nun schon „runder" und passt besser in die Butte.

Schlachtebrühe

Hier auf dem Land habe ich neulich nach einer Jagd im Wald eine schöne Schlachtebrühe aus einer 20-Liter-Alu-Milchkanne genossen, eine hervorragende Idee und genau das Richtige zum Aufwärmen nach drei Stunden Frieren im Wald.

Brühe aufbewahren

Die große Menge Schlachtebrühe ist eine logistische Herausforderung. Sie einfach wegzukippen ginge zwar, aber dafür ist sie viel zu schade. Also werden große Einmachgläser oder große Gurkengläser mit einem Twist-Off-Verschluss mit der heißen Brühe gefüllt, verschlossen und zur Sicherheit für 90 Minuten zusammen mit den Wurstdosen zugekocht. Sie nur heiß einzufüllen und dann zuzudrehen wie bei Marmelade funktioniert nicht, denn bei der Marmelade konserviert der hohe Zuckeranteil zusätzlich.

Eine andere Möglichkeit ist, die Brühe erkalten zu lassen und in großen Tüten einzufrieren. Da ich beim Schlachten mit meiner Feldküche arbeite und drei Kessel zur Verfügung habe, kann ich die Brühe über Nacht in einem der Kessel abkühlen lassen, während ich die anderen zum Einkochen der Dosen nutze. Dabei setzt sich das Wurstschmalz oben auf der Brühe ab und kann abgeschöpft werden, um dann als Brotaufstrich verzehrt zu werden. Vorher sollten Sie es aber einmal umschmelzen, wie, steht in einem separaten Rezept auf der Seite 197.

Das abgesetzte Wurstschmalz eignet sich nach dem Umschmelzen als Brotaufstrich.

Wenn Sie in der Wurstküche den Schlachtekessel stehen haben, dann dauert das Abkühlen durch die große Menge an Brühe sehr lange, sodass sich die Suppe lange in einem Temperaturbereich befindet, in dem sich Bakterien vermehren können. Um schneller abzukühlen sollten Sie die Brühe in kleinere Töpfe umfüllen und diese auf einen Löffel stellen, damit auch von unten Luft an den Topf kommt. Auf der Oberfläche sammelt sich Fett, das Sie abschöpfen sollten, sobald es fest ist, sonst wird die Brühe „stickig". Bei einer Feldküche können Sie die Brühe durch den Hahn unten ablassen und erhalten so eine Brühe ohne Fett. Diese Brühe ist aber bei den Nachbarn meist nicht so beliebt, weil das Fett fehlt.

Schlachtebrühe als Heißgetränk mit viel Maggi heißt auch Schweinetee.

Steeke

Bei Steeke, Well- oder Kesselfleisch handelt es sich um das fette Fleisch, das am Schlachttag zum zweiten Frühstück auf den Tisch kommt. Früher wurde das Steeke – der Begriff kommt von „Stechen" – aus dem Stichfleisch hergestellt. Dabei handelt es sich um das Fleisch aus dem Halsbereich, in dem der Stich zum Ausbluten liegt. Dieses Fleisch ist durch das Einbluten nicht für die Wurstherstellung geeignet und wurde daher sofort verzehrt. Heutzutage gilt dieses Stichfleisch als nicht genusstauglich und wird zu Tierfutter verarbeitet.

Genau wie die Schlachtrezepte regional große Unterschiede aufweisen, wurde das beim Schlachtefrühstück gereichte Wellfleisch unterschiedlich zubereitet und verzehrt. Als Fleisch eignet sich neben dem Stichfleisch aus dem Halsbereich auch Schweinebacke oder Bauchfleisch. Das Bauchfleisch wird im Kessel zusammen mit den anderen Fleischportionen für die Kochwurst mitgekocht. Während man die Mettwürste herstellt, kocht das Fleisch etwa zwei Stunden.

Sind die Mettwürste fertig, gibt es Frühstück. Dazu kommt das Steeke auf den Tisch, dazu Salz und Pfeffer, Senf, wer mag, und ganz wichtig: Maggi. Wer die Schwarte mitessen möchte, kann das gerne tun, aber traditionell ist es üblich, die Schwarte im Ganzen abzuschneiden und mit in die Wurst zu geben.

Wenn Sie das Steeke länger warmhalten müssen, beispielsweise weil Sie Gäste zu einem Schlachte-Essen eingeladen haben und es sich verzögert, dann dürfen Sie auf keinen Fall das geschnittene Bauchfleisch mit der Schwarte in einem Rechaud warmhalten. Denn die Schwarte wird kalt und geliert, was eine absolut eklige Konsistenz bedeutet. Auch klebt das Fleisch dann am Gaumen. Viel besser ist es, wenn Sie das Fleisch einfach in der Schlachtebrühe belassen und dann frisch aufschneiden.

Flomenschmalz

In der Bauchhöhle liegen die Flomen und das Nierenfett, die beim Schlachten herausgesammelt werden, um daraus Schmalz zu gewinnen.

Das Fett bei niedriger Temperatur anschmelzen bis das Wasser verdampft ist.

Früher wurden die Flomen noch auf einem breiten Holzbrett ausgelegt, damit sie hart wurden, dann wurde die Haut abgezogen und zu einer Wursthülle genäht. Um das Fett auf einfache Weise zu gewinnen, werden die Flomen und das Nierenfett gesammelt, die Häute – eine ganz dünne, aber sehr reißfeste, durchscheinende pergamentartige Haut – abgezogen und das Fett in Streifen geschnitten. Anschliessend wird es dann durch die grobe Scheibe des Fleischwolfes gedreht. Dieses durchgelassene Fett wird dann in eine große Pfanne oder einen passenden Kochtopf mit etwas Wasser gegeben und bei geringer Temperatur ausgeschmolzen, bis das Wasser verdampft ist. Zurück bleiben die Grieben, die ausgekochten und angebratenen Reste vom Gewebe. Das Fett kann nun abgegossen werden. Traditionell wird Schmalz in einem Schmalztopf aus Steingut aufbewahrt. Um es dort hineinzufüllen, wird es durch ein Sieb in den Topf gegossen und ab und zu etwas bewegt, weil sich Schmalz beim Abkühlen etwas zusammenzieht und nachher in der Mitte, die als letztes auskühlt, ein Loch entsteht.

So aufbereitetes Schmalz ist schneeweiß und hält sich im kühlen Keller einige Monate, Sie müssen lediglich ein Pergamentpapier über die Öffnung binden, damit kein Staub oder Tiere an den Inhalt gelangen. Nach der Entnahme von etwas Schmalz sollte man die Oberfläche wieder glattstreichen. Auch lässt sich warmes Schmalz leichter entnehmen als kaltes. Sie können den Topf ruhig einen Tag mit in die warme Küche nehmen, um ihn dann wieder im kühlen Keller zu lagern.

Aus den übergebliebenen Grieben können Sie einen Brotaufstrich – Griebenschmalz – herstellen. Dafür geben Sie einfach etwas Schmalz dazu, sowie Salz, Pfeffer, Thymian und Majoran, und schmelzen alles einmal zusammen. Dann können Sie die Masse in kleinere Töpfe abfüllen und im Kühlschrank aufbewahren.

Tipp

Eine praktische Art um Schmalz zu verpacken ist, dieses in klare Feinkostbecher zu gießen. Nach einiger Zeit, wenn es beginnt sich zu verfestigen, decken Sie die Becher mit dem Deckel ab und schwenken das Schmalz so, dass es innen an den Deckel kommt. Dort wird es hart und verschließt den Deckel luftdicht.

Wurstschmalz

Auf der Wurstbrühe, in der die Würste und das Fleisch gekocht wurden, bildet sich am nächsten Tag eine dicke Schmalzschicht, die man ganz leicht abnehmen kann, wenn das Fett erkaltet ist. Trotzdem ist es noch mit Flüssigkeit und Resten von dem Fleisch etc. versetzt. Die Aufbereitung ist denkbar einfach: Schöpfen Sie das Fett ab und schmelzen Sie es in einem Topf. Um es in Portionen aufzubewahren gießen Sie das Schmalz in durchsichtige Plastikschalen. Im geschmolzenen Zustand können Sie das Fett nicht vom Wasser unterscheiden, aber nach dem Auskühlen im Plastikbecher geht das sehr gut. Oben liegt das Schmalz unter darunter ist die Brühe, was man von außen gut sieht. Diese mit Brühe versetzen Becher – meist sind es nur einer oder zwei – sollten Sie als erstes verbrauchen, denn die anderen halten sich lange. In einem undurchsichtigen Topf aus Steingut oder Blech würden Sie den wässrigen Anteil nicht erkennen.

Gießen Sie das geschmolzene Fett portionsweise in durchsichtige Plastikgefäße und verwenden Sie die zuerst, bei denen sich die Brühe absetzt.

Fleisch einsalzen

Eine der ältesten Methoden der Haltbarmachung ist das Einsalzen. Dabei handelt es sich aber nicht um das Pökeln für die Schinkenherstellung. Das Fleisch wird mit Salz in Fässer geschichtet und dann in diesen Fässern aufbewahrt und so konserviert. Dieses Salzfleisch war über Jahrhunderte die Nahrung für Schiffsreisende. Zum Einsalzen eignet sich fettes Schweinefleisch, das in Scheiben geschnitten und in der Pfanne gebraten den als Bacon bekannten Teil eines amerikanischen Frühstücks ausmacht. In Niedersachsen wurden beim Schlachten die Pfötchen, Schnauzen und Ohren, und wenn vorhanden auch das Ringelschwänzchen, eingesalzen, um daraus eine Graupensuppe zu kochen.

Als Salz zum Einsalzen können Sie normales Speisesalz verwenden, aber das Salzfleisch wird dann nach dem Kochen grau. Wenn Sie stattdessen Nitritpökelsalz verwenden, wird das Fleisch nach dem Kochen rot wie Kasseler. Sie können Salzfleisch auch noch nach etlichen Monaten Lagerung wässern, durchbrennen lassen und dann heiß- oder kalträuchern, um einen anderen Geschmack zu erzielen. Das hat man früher auch getan, wenn man den ganzen Winter und den folgenden Sommer über mit dem Salzfleisch auskommen musste.

Sie können Salzfleisch nach Monaten wässern, durchbrennen lassen und räuchern.

Eingesalzenes Rindfleisch bekommt durch das Pökelsalz eine besonders intensive Farbe. Im amerikanischen Raum ist es als Corned Beef bekannt. Der Name kommt von dem „Corned Salt", einem besonders grobkörnigen Salz mit Salpeter, das zum Pökeln verwendet wurde. Es handelt sich dabei um ein Stück Rinderbrust, welches gepökelt und in der Brühe weichgekocht wird. Es wird in Scheiben geschnitten auf Brot gegessen. Das in Dosen verkaufte Corned Beef ist zerkleinertes Fleisch als Dauerkonserve und hat nicht viel mit diesem Salzfleisch zu tun, das eine wirkliche Delikatesse darstellt. Sollten Sie einen Bullen schlachten oder ein Rinderviertel verarbeiten, dann sollten Sie unbedingt etwas Rindfleisch einsalzen. Eine gepökelte Rinderbrust ist bei uns das traditionelle Jagdessen. Das Rindfleisch wird gewässert und dann in einer Brühe weichgekocht. Die Brühe gibt es vorweg, dann das Fleisch mit einer Meerrettich-Soße mit Rosinen, frischen, selbstgegrabenen und geriebenen Meerrettich, dazu Salzkartoffeln und Wirsinggemüse oder grüne Bohnen. Als Beilage einen Sellerie-Salat oder eingelegte Rote Beete.

Schichten Sie das Fleisch und das Salz in einem Gefäß aus Steingut.

In ein sauberes Gefäß – vorzugsweise Steingut – geben Sie eine Schicht Salz, etwa so dick wie ein Messerrücken. Die Schwarte des Fleischstücks sollte nach unten und zur Behälterwand zeigen. Pressen Sie das Fleisch fest zusammen und geben Sie zwischen jede Schicht genug Salz. Sie können nichts versalzen, also lieber zu viel Salz als zu wenig dazugeben. Die einzelnen Fleischstücke sollten ein bis zwei Pfund wiegen, denn das Salz muss die Stücke relativ schnell durchdringen können. Falls die Stücke zu salzig werden, können Sie diese durch Wässern wieder neutralisieren, aber wenn sie durch zu wenig Salz verderben, ist nichts mehr zu machen und das Fleisch muss verworfen werden.

Die Hohlräume zwischen den Fleischstücken müssen mit Lake aufgefüllt werden. Auch wenn sich durch den austretenden Fleischsaft die sogenannte Eigenlake bildet, reicht das nicht aus, um das Fleisch zu überdecken. Damit die Lake keimfrei ist, kochen Sie sie auf: Dazu setzen Sie einen Topf mit Wasser auf und bringen ihn zum Kochen. Nehmen Sie den Topf vom Herd und geben Sie so lange Salz dazu, bis sich nichts mehr löst und es am Boden liegen bleibt.

Wenn alle Stücke im Topf eingeschichtet sind, geben Sie noch einmal reichlich Salz auf das Fleisch und gießen die abgekühlte (wichtig) Lake darüber, bis alles bedeckt ist und die Lake über dem Fleisch steht. Mit einem Teller oder einem Brett decken Sie das Fleisch ab und beschweren das Ganze mit einem sauberen Stein. So können Sie das Fleisch monatelang aufbewahren. Trotzdem müssen Sie ab und zu nach der Lake schauen, auf der sich Trübungen oder Kahmhefen absetzen könnte. In diesem Fall gießen Sie die Lake aus dem Topf ab und ersetzen sie mit frisch gekochter und abgekühlter Lake.

Wichtig ist, den Behälter mit dem Pökelfleisch kühl aufzubewahren, was im Winter kein Problem darstellt, aber im Sommer schwierig werden kann. Wird die Witterung zu warm, dann stelle ich das Pökelfleisch bei 4 °C in die Wildkühlung. Sie können das Pökelfleisch aber auch im Gemüsefach Ihres Kühlschranks aufbewahren. Wenn der Behälter zu groß sein sollte, wird es in Portionen einvakuumiert, so lässt es sich besser einstapeln.

Vor dem Verzehr muss das Fleisch gewässert werden, am besten über Nacht in mehrfach gewechseltem Wasser.

Bewahren Sie das Gefäß kühl auf.

Eine Schweineschulter ist ideal, um daraus später eine Graupensuppe zu kochen. Aber auch Schweinebauch ist gut geeignet. Aus dem Salzfleisch können Sie auch Braten machen oder Scheiben vom Bauchfleisch wie Bacon in der Pfanne braten. Das Wässern ist aber vorher in jedem Fall notwendig.

Durch das Einsalzen können Sie auch auf die Schnelle eine aufgetaute Kühltruhe retten, sollte sie kaputtgehen oder für eine längere Zeit der Strom ausfallen. Geben Sie das komplette Fleisch in ein Fass und reichlich Salz dazu. Dann wie oben beschrieben mit Lake auffüllen. Salz ist spottbillig (ein 25 kg-Sack kostet keine zehn Euro!) und man sollte immer etliche Kilogramm im Hause haben. Salz ist ohnehin schon 200 Millionen Jahre alt und benötigt kein Mindest-Haltbarkeitsdatum.